U0726862

消费者参与虚拟企业社会责任共创理论与实践研究

杨　芳◎著

吉林出版集团股份有限公司

全国百佳图书出版单位

图书在版编目（CIP）数据

消费者参与虚拟企业社会责任共创理论与实践研究 /
杨芳著 . -- 长春 : 吉林出版集团股份有限公司 , 2022.9

　ISBN 978-7-5731-2532-3

　Ⅰ . ①消… Ⅱ . ①杨… Ⅲ . ①消费者—参与—虚拟公
司—企业责任—研究 Ⅳ . ① F276.6

中国版本图书馆 CIP 数据核字 (2022) 第 184499 号

消费者参与虚拟企业社会责任共创理论与实践研究

XIAOFEIZHE CANYU XUNI QIYE SHEHUI ZEREN GONGCHUANG LILUN YU SHIJIAN YANJIU

著　　者　杨　芳
责任编辑　息　望
封面设计　李　伟
开　　本　710mm×1000mm　　　1/16
字　　数　180 千
印　　张　10
版　　次　2022 年 9 月第 1 版
印　　次　2022 年 9 月第 1 次印刷
印　　刷　天津和萱印刷有限公司

出　　版　吉林出版集团股份有限公司
发　　行　吉林出版集团股份有限公司
地　　址　吉林省长春市福祉大路 5788 号
邮　　编　130000
电　　话　0431-81629968
邮　　箱　11915286@qq.com
书　　号　ISBN 978-7-5731-2532-3
定　　价　60.00 元

作者简介

杨芳　女，1980年4月出生，毕业于原山东财政学院，工商管理硕士，现任山东财经大学市场营销系讲师。

近三年来，紧跟时代发展脉搏，积极投身数字经济时代的市场营销学研究，参与国家级一流线下本科课程建设项目一项、山东省一流线上本科课程建设项目一项，为教育部课程思政示范课程"市场营销学"教学团队主要成员之一。参与国家社会科学基金项目一项、山东省社会科学基金项目一项，发表论文一篇。

前　言

2015 年，国务院发布有关网络技术的指导意见，在强调互联网作用的同时，鼓励社会各界积极利用"互联网 +"来取代传统的发展模式。随着 Web2.0 时代的到来，企业和消费者的行为模式正在被"互联网 +"思维悄然改变。在互联网高速发展的大背景下，企业与消费者之间的关系变得愈加密切，企业在重视自身社会责任意识建设的同时，也希望消费者能够积极参与其中。

企业社会责任（corporate social responsibility，CSR）是企业实施差异化竞争的新型营销方式。传统的企业社会责任活动多以线下为主，在活动开展过程中，成本费用投入过高、用户黏性差的问题成为企业的痛点。而在"互联网 +"背景下，新型的企业社会责任活动转为线上，形成一种虚拟企业社会责任共创活动。近年来，虚拟企业社会责任共创成为企业关注的重点，虚拟企业社会责任共创本质上属于企业社会责任活动的范畴，只不过是企业联合各利益相关者，主要是消费者，在互联网形成的虚拟社会网络中进行的。虚拟企业社会责任活动的实施，不但能够促进企业更好地承担起社会责任，还能帮助企业节省投入费用，提高用户黏性，进而促使企业效率得到提升，为企业创造价值。从另一角度来讲，虚拟企业社会责任活动是衡量企业与消费者之间关系的价值标尺，因为如果企业缺乏企业社会责任，那么其就会失去一些重要利益相关者群体的支持。因此，虚拟企业社会责任活动的展开能够较好地克服传统企业社会责任活动中存在的问题，其优势显而易见。可以预见的是，研究消费者参与虚拟企业社会责任共创意愿的过程和内在作用机制，将会是相关领域重点关注的内容。鉴于此，本书从理论、作用机制、消费者心理等层面对消费者加入虚拟企业社会责任共创的意愿进行了综合分析。

全书共分为七章，分别为导论、虚拟企业社会责任共创理论概述、消费者参与虚拟企业社会责任共创理论分析、消费者参与虚拟企业社会责任共创作用机制分析、虚拟企业社会责任实践现状及案例分析、消费者参与虚拟企业社会责任共创实践的启示、结论与展望。从理论到案例，涵盖较为全面，希望能为广大同行和读者提供有益帮助。

在撰写本书的过程中，作者得到了许多专家学者的帮助和指导，参考了大量的学术文献，在此表示真诚的感谢。本书内容系统全面，论述条理清晰、深入浅出，但由于作者水平有限，书中难免会有疏漏之处，希望广大同行和读者及时指正。

杨　芳

2022 年 3 月

目　录

第一章 导论

虚拟企业社会责任活动的实施，不但能使企业更好地履行社会责任，更能促进企业提高效率和创造价值。本章节内容为导论部分，分别从问题的提出及背景、研究思路、研究内容三个方面进行了阐述，希望能够给更多领域专家学者带来帮助。

第一节 问题的提出及背景

企业社会责任（corporate social responsibility，CSR）早在 20 世纪 50 年代就已经被广泛关注，学者研究的重点从最初的"企业是否应当承担起社会责任"逐步转化为"企业应当怎样承担起社会责任"。在一些国家，很多企业的社会责任意识日益增强，已将社会责任上升到战略层次，融入了企业文化和企业的日常运作之中，逐渐成为差异化竞争的新型营销方式。但是，在网络技术尚未普及之前，企业普遍通过线下公益活动来开展社会责任活动，线下活动存在两个明显的缺陷。第一，相对于专门的公益组织，企业在公益活动主体的选择、确定和公益活动的组织实施上有较大差距，因此企业独立开展公益活动往往收效不佳。随着网络技术的飞速发展，企业开展社会责任活动的可能性越来越大，但是企业对于社会责任活动的组织和控制程度却受到了极大的影响。第二，企业对社会责任活动的认知程度不高。

随着 Web2.0 的到来，企业和消费者的行为模式正在被"互联网 +"思维悄然改变。社交媒体正在很大程度上改变个人与企业的交流模式，如今有越来越多的互联网用户使用社交平台来评论他们所购买的产品，这些用户通过创建和发布视频或图文供其他人观看。于是，企业越来越多地依赖社交媒体，让消费者、员工和其他利益相关者参与这一虚拟对话之中。互联网改变了我们的生活，也使我们对它产生了依赖。人们利用互联网进行消费、社交、教育等活动，这种新的生活方式已经涉及社会的方方面面。2015年，国务院发布了有关网络技术的指导意见，强调了互联网在国家政治、国民经济、社会主义文化和社会主义社会建设中的重要作用。互联网的发展是一种常态，国家鼓励社会各界积极利用"互联网＋"来取代传统的发展模式。这一意见的发布对各行各业产生了很大的影响，许多企业纷纷响应，把"互联网＋"与消费、公益、教育、文化交流等社会生活的方方面面相融合。

虚拟企业社会责任活动的实施，不但能使企业更好地履行社会责任，而且能促进企业提高效率和创造价值。例如，为了保护大熊猫而举办的"熊猫守护"活动，使用者可以通过手机登录熊猫虚拟社区，采集竹子，饲养大熊猫。当完成游戏设定的步骤后，他们就可以为大熊猫的实际保护做出贡献。2018年4月，快手和腾讯合作，在一年一度的"行为公益季"中推出了一款专属的活动表情包，当使用者按下这个表情，并在屏幕前面做一个"6"字手势，就能看到一只小企鹅穿越荧幕。这种轻松、有趣、独特的互动体验，让快手的用户体验到了一种全新的、刺激的感觉，让他们在使用快手应用软件的过程中体验到了"公益"这一理念，帮助他们提高自身的公益意识。再比如支付宝的"蚂蚁森林"、2019年淘宝在"双十一"活动中推出的"盖楼筑梦"，都是消费者参与社会价值创造的表现。

参与特定的企业社会责任活动非常重要，如果企业缺乏社会责任，就会失去一些重要利益相关者群体的支持。国外的一项研究称，在两千多家企业中，有七成在企业社会责任沟通中使用互联网。可见，在这个时代背景下，传统企业社会责任的形式已经不适应互联网时代的发展。与此对应的，虚拟企业社会责任共创的概念被提出，即企业利用互联网技术主动吸引各利益相关者，同时整合各种社交媒体，来共同参与以互联网为载体的企业社会责任活动。在传统的企业社会责任活动中，企业多采用"捐款"式慈善或通过举办公益活动的形式，极少需要消费者参与。而在虚拟企业社会责任共创中，创造价值的核心是消费者。不同于传统企业社会责任活动需要由企业牵头组织、集中精力维持每个环节的组织形式，在虚拟社区中，消费者有更多的选择和参与方式，可以从各个方面参与虚拟企业社会责任活动，如主题和意义、受众与定位、宣传方式与渠道、组织形式与开展平台、虚拟社区运营方式与社区规则制定、反馈意见的收集与改进等。虚拟企业社会责任共创拥有实施精确度较高、内容更新容易和方便用户参与等优点，消费者参与度会得到极大提高，有利于最大限度地发挥企业社会责任活动的效果，增强企业的社会责任意识和品牌意识，从而为企业带来效益。虚拟企业社会责任的很多活动都需要企业与消费者一起进行设计，然后利用沟通等方式让虚拟企业社会责任活动逐步实现社区化。由于虚拟企业社会责任活动主要借助线上工具和媒体，不受时间、空间和参与者数目等因素限制，可以更灵活、方便地开展，使得虚拟企业社会责任共创成为未来企业社会责任发展的重要方向。在目前的企业实践中，消费者是企业最为重视的利益相关者，也是直接决定企业经营业绩的群体。消费者的积极参与，有利于提高消费者的满意度、降低成本、增加企业的业绩，这也是决定虚拟企业社会责任共创效果的关键因素。目前，企业的社会责任活动多以线下为主，成本费用居高不下，用户黏性也很差，虚拟企业社会责任共创能够吸引大量消费者参与，能够较好地克服上述问题，其优势显而易见。但是，对于很多知名度不高的平台而言，虚拟企业社会责任活动中消费者参与程度并不高，企业宣传活动还停留在"涨人气""拉人头"等传统方式上，从而导致宣传活动效率很低，消费者即使参与，忠诚度和黏性也很低。

因此，处于社会媒体和价值创造双重背景下的企业社会责任共创具有不同的形式和消费者反应水平，有必要研究消费者参与虚拟企业社会责任共创意愿的过程和内在作用机制，以期找到消费者参与此类活动的深层次动因，强化其参与意愿，这也正是本书将要探讨和研究的问题。

在虚拟企业社会责任共创理论研究方面，国内外的学者均进行了研究。莫辛（Morsing）等人在 2006 年就提出了虚拟企业社会责任共创的概念，并指出，为使企业的社会责任发挥最大效果，企业需要根据各利益相关者的不同特点，打造与其相适应的 CSR 活动并引导其参与；也有学者认为，在虚拟企业社会责任共创活动中，在各利益相关者中，消费者的参与会明显产生更多的社会价值；樊帅等人也认为，虚拟企业社会责任共创的重点是互动性，各利益相关者能够参与个性化的企业社会责任活动，从而进行价值共创。在价值影响方面，王静一等人的研究进一步证明了消费者参与企业社会责任共创活动对企业社会责任认同的影响方面起到了正向的促进作用；莫辛（Morsing）等人也强调了企业和利益相关者特别是消费者之间互动的重要性。

由上可见，虚拟企业社会责任共创及其作用得到了国内外学者的广泛认可。根据相关学者的研究可以推断，虚拟企业社会责任共创本质上还是属于企业社会责任活动的范畴，只不过是企业联合各利益相关者，主要是消费者，在互联网形成的虚拟社会网络中进行的。但是，在目前的文献中，利益相关者的范畴多见于政府部门、社会组织及企业经营链条中的各利益相关者等，较少涉及消费者在其中所起的作用，以及消费者参与其中的动机和意愿。我们可以看到，影响虚拟企业社会责任共同创造价值实现的因素不只是虚拟企业社会责任共同创造本身的特点，因此在讨论虚拟企业社会责任共同创造对消费者的影响时，有必要将虚拟企业社会责任共同创造本身与消费者的特征结合起来。由此可见，要吸引消费者参与虚拟企业社会责任共创活动，就有必要对虚拟企业社会责任共创中消费者参与的作用机理和意愿进行深入研究。

尽管社交媒体在企业社会责任领域有着广泛的应用，但是关于如何与消费者进行虚拟企业社会责任对话，我们知之甚少。因此，迫切需要框架来解释虚拟企业社会责任共创及它是如何为企业和整个社会创造价值的。这些框架有助于我们更好地理解消费者对虚拟企业社会责任共创做出反应的心理过程，从而更好地设置活动，实现价值最大化。

目前，关于企业社会责任的研究在企业管理、营销业绩和策略等领域已经逐渐成熟，但与互联网相关的虚拟企业社会责任共创的研究相对较为分散，缺乏一个完整的分析框架。关于虚拟企业社会责任共创的相关理论研究不多，尽管它在目前的互联网高速发展的大背景下，是企业社会责任的主要实施方式。在文献中可以看到，已有文献关注虚拟企业社会责任共创活动中企业与消费者的互动过程，而很少关注消费者从中获取的利益，而只有这些利益的存在，才能促使消费者在更深的层面参与活动，从而进一步增加消费者参与黏性。例如，2013年部分学者指出各利益相关者主要参与企业社会责任共创过程中的设计和执行这两个阶段，消费者通过认同活动而对企业产生认同；也有学者认为，企业社会责任项目所产生的结果与消费者反应密切关联，企业要促进各利益相关者与企业进行共创和交流，以加强消费者认同。这些文献并没有从消费者的角度出发，关注消费者通过参与活动而获得的利益；同时，现有文献多关心虚拟企业社会责任共创对消费者态度和行为的影响机制。例如，樊帅等人通过实证的方法，对消费者参与虚拟企业社会责任共创过程中的态度问题进行了研究，却很少有研究者关注虚拟企业社会责任共创的前提是要吸引消费者参与。到底怎样才能吸引大量消费者参与呢？消费者参与这种公益性的活动的动机在哪里？怎样强化消费者的参与意愿呢？只有回答了这些问题并进行了有效实施，才能保证虚拟企业社会责任共创活动达到预期效果。

本书从探讨虚拟企业社会责任共创活动的内在生成机制这个角度出发，运用扎根理论方法，研究了消费者参与虚拟企业社会责任共创意愿的内在作用机制，探索了虚拟企业社会责任共创的互动路径及个体特征对消费者身份认同的影响机制，包括不同互动路径与消费者身份认同之间的关系，从而通过更深入地研究和应用这个机制，找到强化消费者参与意愿的因素。相关案例的应用，使越来越多的消费者能够参与虚拟企业社会责任共创的活动中。

本书研究内容可以完善虚拟企业社会责任共创的相关研究，为企业开展网络公益、制定和实施具体的虚拟企业社会责任共创策略提供参考，有助于强化消费者参与意愿，并可以为下一步的研究提供帮助。

第二节　研究思路

企业社会责任共创是近年来的一个热门话题，特别是如何提高消费者的参与意愿，成为众多学者关注的焦点。从虚拟社区演变而来的以互联网为手段的虚拟企业社会责任共创的研究很少见。鉴于此，本书从理论、作用机制、消费者心理等层面对消费者加入虚拟企业社会责任共创的意愿进行了综合分析。

在虚拟企业社会责任共创研究中，以实证研究为主导。实证研究强调统计检验、数据严谨，但往往脱离实际。有学者运用实证分析的方法，探讨了企业社会责任对企业经营模式创新的作用；有学者选择不同行业和类型的企业，并且进行了消费者访谈，探讨了企业社会责任营销对于消费者感知层面的影响；有学者选择平台类企业案例研究企业社会责任行为模式，平台类企业的一方连接着商户，另一方连接着消费者，不但需要履行好自己的社会责任，也要处理好对两方的责任，而且要根据大环境等因素的变化进行变动，因此共创研究是一个非常复杂的过程。

随着企业的不断发展，许多学者利用扎根理论进行标准化的定性研究，探讨了企业社会责任在各个虚拟运营战略阶段的作用机理，以及在不同类型的网络环境下，不同的企业社会责任活动对品牌的影响。已有的研究成果为深入了解和探讨影响虚拟社区用户参与意愿的各种因素提供了新的思路。

本书首先对已有的消费者参与虚拟企业社会责任共创的相关研究进行了总结和评述，将社交媒体与企业社会责任相结合，讨论了一种当下热门的营销现象，即虚拟企业社会责任共创。然后，通过设计一系列问题，对访谈对象进行了深入探查，采用扎根理论构建出消费者参与虚拟企业社会责任共创过程的作用机制。研究表明，消费者是通过共享信息、体验过程、人际交流和自我展示，一方面从务实形象、专业形象、领袖形象、公益形象中获取了与"自我意象"相一致的利益，另一方面，直接满足了心理需求，从而完成了价值创造过程，进行了参与意愿的强化。本书创新性地提出在部分价值的创造中，"利益获取"是从"消费者参与"到"价值创造"的关键中介。而这个过程是在消费者"自我意象满足"的过程中进行的。本书还细分了"价值创造"中的五种类型，进而建立了完整的消费者参与虚拟企业社会责任共创活动的作用机制，明确了强化消费者参加虚拟企业社会责任活动意愿的因素。最后，本书讨论了企业社会责任研究所构建理论的意义和价值，并对未来的研究方向进行了探讨。

第三节　研究内容

第一章先是分析了研究背景，进而结合当前企业在实施虚拟企业社会责任共创过程中遇到的现实问题，提出了本书的研究主题，即消费者参与虚拟企业社会责任共创理论与实践，并对研究意义和研究思路进行了说明。

第二章首先通过对企业社会责任相关文献的回顾，并结合当前的实际情况，提出了本书的研究对象，新的企业社会责任模型——虚拟企业社会责任共创，对其概念、特征、作用和国内外的研究状况进行了总结。其次从心理归属理论、自我展示理论、虚拟社区身份和组织支持理论四个方面分析了消费者参与共创的原因。再次从三个角度阐明了消费者参与共创的必要性。最后说明了消费者的参与现状，包括现实背景、理论背景。

第三章先是基于相关文献，阐述了消费者个性与态度对其参与虚拟企业社会责任共创的影响。然后说明了虚拟企业社会责任的建立与履行，包括理论基础和意义。最后针对企业提出了提高消费者参与虚拟企业社会责任共创的积极性应采取的策略。

第四章首先探讨了消费者参与虚拟企业社会责任共创的行为动机。其次运用了扎根理论，确定了选取样本的准则及描述了具体情况，详细阐述了数据搜集的流程，对编码和检验过程进行了全面的描述，并将编码分为开放编码、主轴编码及选择编码。最后研究了消费者参与虚拟企业社会责任共创活动的动机及过程，包括消费者参与虚拟企业社会责任共创活动的作用机理分析和意愿分析。

第五章首先介绍了企业社会责任发展的现状。然后介绍了虚拟企业社会责任的现状、存在的问题及原因分析。最后是对现有的企业社会责任案例进行了分析，包括蚂蚁森林促减排、爱奇艺的企业社会责任之路及京东集团积极践行企业社会责任。

第六章介绍了消费者参与虚拟企业社会责任共创实践的启示，包括对企业的启示和对政府的启示两个方面。企业层面包括加强企业社会责任的传播管理、坚持义利合一、注重消费者及坚持创新；政府要采取相应的措施，起到带头作用，如强化对企业的自我约束、加强对企业社会责任的监管及完善企业社会责任标准的制定等。

第七章是本书的研究结论与展望，对本书的主要结论、理论贡献及实践贡献进行了叙述，并提出了研究存在的局限性及今后的研究方向。

第二章　虚拟企业社会责任共创理论概述

　　企业认真履行社会责任是其应对全球经济一体化的必然选择。企业要实现可持续发展，就要承担起社会责任。学术界对企业社会责任的研究已经近百年，充分体现了其在相关理论和实践方面的重要地位。本书通过对国内外有关企业社会责任文献的回顾，并结合当前的实际情况，提出了研究对象新的企业社会责任模型——虚拟企业社会责任共创，并对其概念、特征、作用和国内外的研究状况进行了总结。

第一节　虚拟企业社会责任

一、企业社会责任

（一）与企业社会责任相关的国外研究

　　美国的学者克拉克（Clark）于 1916 年在他的著作《改变中的经济责任的基础》中首次提出了企业社会责任理念，认为承担社会责任是企业的主要职责。英国学者谢尔顿（Sheldon）于 1924 年在其著作《管理哲学》中阐述了企业的社会责任。20 世纪 30 年代到 50 年代，美国学者贝尔（Berle）与多德（Dodd）就企业应不应该实行社会责任这一问题进行了激烈的争论。多德在 1932 年提出，企业是一个社会成员，应该承担企业的社会责任。而贝尔认为，企业的管理者是接受股东的委托、以股东的利益为上的，所以仅仅需要关心股东的经济利益而不需要顾及其他。关于企业社会责任的真正研究始于 1953

年鲍恩（Bowen）的著作《商人的社会责任》，他提出了"企业家应对社会负何种责任"，并指出商人有义务制定政策、制定决策或根据社会期望的价值而实施特定的行为。戴维斯（Davis）在1960年提出了企业社会责任理应和企业的社会权力相对应这一观点，也就是我们常说的"权力愈大，责任愈大"，这就是所谓的"责任铁律"。休斯（Hughes）把企业分成了两类：一类是传统的企业，这类企业只关心自己的利润；另一类企业则把自己看作是社会的一分子，既要获得利益又要为社会做贡献。现实表明，第二类企业在实施社会责任的同时，既实现了自己的利润，又扩大了企业的规模。20世纪70年代之前，国外学术界的注意力集中在企业是否应该履行社会责任的问题上，弗里德曼（Friedman）的企业社会责任思想占主导地位，他认为企业的唯一目的是获得利益，而企业的唯一职责是在自由、平等、公开的竞争中，利用自己的资源和能力来提高利润。

20世纪70年代以后，弗里德曼的企业社会责任思想逐渐丧失了主导地位，社会上普遍认可了企业应履行社会责任这一理念，国外对企业社会责任的研究也进入了"企业社会责任到底是什么"这一范畴。1971年，美国联想贸易委员会在《工商企业的社会责任》一书中提出，企业的社会责任包括内圈、中圈和外圈，也就是企业社会责任的三个同心圆的概念模式。卡罗尔（Carroll）在1979年提出了"金字塔"模式，在他看来，企业社会责任是一个具有四个方面的三维金字塔模型，每个方面相互重叠，形成企业社会责任。这个三维金字塔模型包括社会团体在一定时期内对企业组织在经济、法律、道德、自愿四个方面的责任期望。①经济责任。在企业中，经济责任是最基础、最主要的一项，但并非仅限于此。②法律责任。社会赋予了企业生产商品、提供商品和社会服务的权利，又要求其在法律框架下达到经济目的。因此，企业必须承担起相应的法律义务。③道德责任。尽管在社会经济与法律义务中存在着某些准则，但在公共社会中，企业也必须遵守那些还没有被纳入法律的社会大众的道德准则。④自愿责任。自愿责任主要是指企业对公益事业和慈善事业的责任，是指一个组织为应对特定情况而采取的行动和政策，旨在通过考虑经济、社会和环境绩效的三重底线为利益相关者带来福祉。社会也往往对企业有一些期待，这些期待的性质完全取决于个体或企业自己的判断和选择，如慈善捐赠等。在这一时期，社会责任研究领域的另一位重要学者是英国的埃尔金顿（Elkington），他于1997年提出了三重底线，指出企业的经营行为要遵守经济、社会和环境三条底线，在广义上可以定义为企业的地位和活动，以及主要利益相关者感知到的社会义务和利益，这个概念包括三个要素：①正向的社会商业与管理模式促进社会福利的发展；②市场导向输出；③以社会为导向的自愿行为。这些概念的定义很宽泛，没有具体的内容和范围限制，这可能是因为企业社会责任活动具有广泛性。例如，企业社会责任活动将亲社会行为的特征融入产品或生产过程（如使用环保产品或环保技术减少污染物排放的生产过程），在人力资源管理实践中尊重员工并保护他们的利益。这一时期，在对企业社会责任概念和内涵的研究中，卡罗尔所提的企业社会责任定义最为学者所接受。

（二）与企业社会责任相关的国内研究

国内对企业社会责任的界定是指企业在使其股东利益最大化的同时，应承担起维护社会利益这一责任，并维护股东以外的利益相关者的权益，这是对"股东利益最大"理念的补充。陆代夫对企业社会责任进行了更深入的研究，认为企业应同时具备两方面的能力：一是营利的能力要强，要让投资者有利可得，这是企业履行其社会责任所需的基本能力；二是要有维护利益相关者权利的能力。除此之外，他还提出了一个类似卡罗尔金字塔模型的经济、法律和社会相互支持的三角模型。钱洛认为，从广义上讲，企业社会责任是指企业对整个社会承担的一切责任，包括经济责任、法律责任和道德责任；从狭义上讲，企业社会责任是指企业对股东、员工、消费者、供应商和其他利益相关者的责任，包括获取利润等。一些学者认为，企业社会责任是一种综合责任，有经济上的责任、法律上的责任和道德上的责任，企业有义务以利益相关者为目标承担这些责任。孙文宏等人指出，企业社会责任可以分成两类，一类是基本社会责任，另一类是其他社会责任。基本社会责任主要由法律法规或行政指示来界定，它通常是国家对企业的强制性要求，包括对企业内部员工、消费者和生态环境的责任；其他社会责任主要是企业在社会福利活动、公益建设等方面的责任，这种责任通常是非强制性的，取决于企业自身的社会责任感和道德意识。虽然关于企业社会责任没有公认的定义，但学术界已经形成一个共识，认为企业社会责任是指企业在营利的同时，对消费者、生态环境和社会等利益相关者的责任，换句话说，在各种经济活动中，企业必须考虑对利益相关者的影响，包括经济、社会和环境影响。

从已有的文献中可以看到，企业社会责任会给消费者、企业和社会带来正面的影响，对社会责任的探讨也由"是否开展"转向了"如何开展"，尽管目前已有一定的研究成果，但仍然存在以下问题：一是消费者作为关键的利益相关者，如何对其行为和影响其行为的因素进行企业社会责任研究；二是虚拟企业社会责任共创已经成为新时期企业履行社会责任的一种更有效的方式，但关于虚拟企业社会责任的研究并不多。

（三）企业社会责任和组织业绩

当前，国内外一些学者对企业社会责任与组织业绩的关系进行了深入的探讨，得出的结论是，企业积极进行社会责任共创会对企业业绩产生正面的影响，积极履行社会责任的企业业绩和营利能力都比行业的平均值要高，而且从企业的长远发展来看，这种影响会越来越显著。不过也有研究认为，企业社会责任共创与企业业绩存在显著的负相关，这就意味着，如果企业在履行社会责任方面做得越好，那么它的利润就会越低，因为企业社会责任活动需要一定的费用，从而使企业增加支出。还有一种观点认为，二者之间没有直接的联系，也就是说，企业履行社会责任并不会对企业的利润产生任何影响。大多数的权威学者都认为企业社会责任是提高企业业绩的关键因素。

（四）企业社会责任和品牌信誉

品牌信誉是企业的一种无形财产，企业社会责任对品牌信誉的影响是非常深远的，所以探讨品牌信誉影响是很有意义的。朱翊敏等人认为，信誉良好的企业参加无偿捐助并不能提高企业的形象，而参加机构关联捐款会产生消极的影响；郑海东等人认为，公众对社会责任的认识也会影响到公众对品牌的看法。

（五）企业社会责任和消费者行为

社会责任对消费者产生的影响，不仅是企业关注的焦点，也是学术界关注的焦点。现有的研究主要有以下两个方面的观点：

第一个观点是，企业认真履行社会责任有助于消费者提升对企业和其产品的好感。1999 年，拉弗蒂（Lafferty）和戈德米思（Goldsmith）研究认为，企业社会责任能够有效地提高消费者的购买意愿。一项调查显示，良好的企业形象一旦建立，就能够获得消费者的支持与认可，从而增加消费者购买的意愿，并且肯接受产品的适当涨价，这能鼓励企业进行更多的公益活动。邓新明等人认为，企业的社会责任不但对消费者的购买意向有直接的正面作用，也可以间接地提升消费者的购买意向。消费者对企业社会责任的反馈并不限于购买，而是采取了一系列支持措施，例如积极宣传其产品、维护企业声誉等。另外，在企业遭遇危机时，消费者更愿意把这场危机归咎于外部因素，而非企业本身。

第二个观点是，企业社会责任与消费者行为之间的关系并非总是直截了当、显而易见的。埃克哈德（Eckhard）等人认为，只有当商品的功能特性达到要求时，消费者才会购买这些产品，所以消费者可能会选择那些缺乏社会责任感的企业生产出的性能优良的商品。莫尔和韦伯的研究表明，企业社会责任行为会对消费者的评价和购买意愿产生积极的影响，但是也会使其定价上涨。

社会责任是企业意识的前沿和中心，基于从业者的调查表明，许多企业高管认为企业社会责任活动可以推动企业绩效。实证研究描绘了一幅更加微妙的图景，有人试图将企业社会责任与消费者联系起来，研究发现，企业积极承担社会责任不仅可以培养消费者的忠诚度，还能吸引、激励和留住有才华的员工，并引来对社会负责的投资者，不过这些影响也取决于企业向利益相关者传递的价值观。因此，研究人员发现，与社交媒体一样，企业社会责任需要成为利益相关者表达其价值观的一种手段，以便最大限度地提高企业绩效。

二、虚拟企业社会责任

随着 Web2.0 的来临，众多行业都在以"互联网＋"的形式进行营销，传统的企业社会责任活动已经被越来越多的企业所摒弃，很多企业纷纷利用微博、微信等社交平台进行虚拟企业社会责任共创，以此来履行自己的社会责任。企业社会责任共创活动是在虚拟社区中共同创造的一种形式，是在虚拟社区中进行社会责任共同创造活动。

（一）虚拟企业社会责任的发展进程

虚拟企业社会责任对话可以被定义为一家企业通过对社交媒体技术的战略利用，从而让消费者可以主动参与到企业社会责任活动之中。通过将社交媒体应用到企业社会责任领域，虚拟企业社会责任对话与传统的企业社会责任沟通和使用社交媒体销售产品及服务的虚拟消费者对话有很大不同。首先，与传统的企业社会责任沟通不同，虚拟企业社会责任对话是积极地、有目的地利用先进的网络技术和平台，如社交网站（微信、微博）、内容共创网站、用户赞助或企业赞助的博客和企业赞助的公益网站等，使参与者通过交换自身信息来吸引同龄人；其次，在履行企业社会责任活动过程中使用社交媒体营销的特别之处在于，它可以涉及更广泛的消费者群体（如消费者、员工、投资者、当地社区等）。

1. 企业社会责任

美国企业的社会责任问题在 100 多年前就已经引起了人们的广泛关注，引起关注的根源在于企业的不道德行为所造成的社会问题和环境问题。1924年，谢尔顿在其发布的《管理哲学》中提出的企业社会责任这一概念在学术界引起了众多的争议，其中包括两种观点：一是企业的社会责任等同于企业的责任，包括经济、慈善、道德、法律等方面的责任；二是从经济和社会层面对企业的责任进行界定，就是在实现经济责任的同时，企业还应在伦理和法律层面上担负起社会责任。卡罗尔提出了社会责任四维度，即经济、法律、道德、自愿四个层面，这四维度构成了一个金字塔。此后，达尔斯鲁德（Dahlsrud）从利益相关者的视角出发，将社会责任划分为社会、经济、环境、利益相关者和志愿行为五个方面。虽然目前学术界对企业社会责任的定义还不统一，但是随着研究的不断深入，企业社会责任的内涵也在不断地变得清晰、细化，并且关注点逐步从企业转向了利益相关者。

2. 企业社会责任共创

传统的企业社会责任活动只针对企业的责任提出了要求，而忽略了其他相关主体的重要性。但是，在莫辛（Morsing）等人的研究中，强调了社会责任中的其他利益相关者的参与和对话的重要性，随着活动参与方式和理念的变化，其他利益相关者的角色日益突出，企业社会责任的协同效应也随之出现。当前，学术界对社会责任共同创造的解释有狭义和广义之分。从狭义上来讲，企业社会责任共创是指不同的平台上的利益相关者通过对话相互影响，从而为双方创造价值，更确切地说，就是指社会上的各种社会责任活动，包括捐赠、公益宣传等活动。从广义上来讲，企业社会责任共创具有更为宽泛的内涵。它是一种基于不同利益主体之间的、全面且多元化的价值创造。无论从狭义还是广义的角度来看，企业社会责任共创主要是指企业和利益相关者共同创造社会价值。

3. 虚拟企业社会责任共创

社会媒体体现了 Web2.0 的精髓，提倡用户在网上进行沟通合作，极大地改变了企业与个体之间的互动,使消费者能够参与到虚拟企业社会责任中。另外,由于不受时间和地点的限制,消费者也乐于参与到信息的交换与传播中,与企业一起创造社会责任。在这一背景之下,部分学者把虚拟企业社会责任共同创造定义为"企业通过策略利用社交媒体,使各利益相关者积极地参与到企业社会责任活动中来"。冈崎(Okazaki)和梅内斯德(Menendez)将这个定义进行了分解,从而识别出了两个重要的词,即社交媒体和积极参与。首先,社交媒体的大量涌现是Web2.0的必然产物,Web2.0的特征在于自主性、互动性、匿名性、创造性、信息共创、以用户为导向的设计和协同。社交媒体可以帮助企业与消费者及消费者之间进行公开的、透明的、及时的、直接的和有效的交流,从而为社会责任活动的开展和执行提供一个理想的平台。其次,在学术文献中,积极参与可以被解读为消费者的参与。以往的观念通常把消费者看作是一个独立的个体,他们只是某项商品或者服务的购买者,但是随着网络技术的不断发展,消费者在消费意识和消费行为上的能动性也在不断增强,对企业的影响也逐渐变得不可忽视。消费者参与体现在心理和行为上,它反映了消费者对产品的参与程度,这一参与必须是基于自愿的,也是消费者参与共创的一个前提。换言之,如果消费者仅仅接受了一个单一的信息,没有与企业进行社会责任对话,也没有主动参与,那么就没有社会责任的行动。通过对企业社会责任的概念和结构的阐释,部分学者认为,虚拟企业社会责任共创最突出、最重要的特点是要激励各利益相关者主动参与企业社会责任的制定和实施,同时要增强参与者对企业社会责任的认可。传统的社会责任行为完全由企业自己来完成,具有"单边""单向"的特征,消费者仅仅是被动地接受企业发布的社会责任信息。虚拟企业社会责任共创则打破了这一传统的被动形式,使得消费者可以积极参与到企业社会责任共创之中,从而产生更多社会价值,因此这是今后的研究重点。

(二)虚拟企业社会责任的特征

在互联网浪潮的影响下,社会文化、政治、经济等各方面在运用互联网技术进行整合和创新时，传统的企业社会责任活动也必然要进行创新和变革，于是，社交媒体与企业社会责任结合的虚拟企业社会责任共创出现了。虚拟企业社会责任共创是一种以消费者与企业、消费者与消费者之间相互影响为主要特点的社会价值创造平台，双方的交流以信息为中心，双方所拥有的知识是建立关系、实现社会价值创造的推动力。消费者的背景、兴趣爱好和专业技能是多种多样的，而且他们的知识也很丰富，因此消费者可以通过交流和分享虚拟企业社会责任的知识，从而为企业创造出更多的价值。关于企业社会责任活动的基本情况和经营管理信息等，也是消费者所缺少且渴望了解的，企业可以把能公开的信息以一种高效的方式传达给消费者，帮助消费者加深对企业和虚拟企业社会责任共创活动的了解，从而让消费者更好地参与到虚拟企业社会责任的设计和实施中；同时，消费者会将自己的想法、意见、需求等反馈给企业，在这种情况下，双方就实现了虚拟企业社会责任对话，双方都能获得自己所需的资料，从而实现企业的可持续发展，达到双赢。消费者与企业之间的交流和消费者之间的交流就是信息与知识的交流，能够增进双方的了解，并逐渐建立起互信与友谊。例如，将虚拟企业社会责任共创信息公开，邀请消费者参与设计等措施，可以提高活动的透明度，增进消费者对企业的认识和信任，加深消费者和企业的联系。双方在互动交流中所构建的和谐关系，是双方能够持续合作、共同创造社会价值的前提。

虚拟企业社会责任共创在模式运作、组织结构、参与者和观念等方面都有了很大的变化。目前，学术界对虚拟企业社会责任共创特征的研究，主要是从不同视角、具体内容等方面进行的。高晶怡从发起方、组织运作方式和参与方式等角度，对其与传统企业社会责任的差异进行了比较，得出了虚拟企业社会责任共创的优越性。中国社会科学院的一项调查显示，虚拟企业社会责任共创可以通过网络进行传播和交互，极大地增强了活动效果，并使个体的贡献得到了进一步的增长。万志强认为，通过社会媒介技术，虚拟企业社会责任共创能够实现跨越时间和空间的沟通，满足了社会大众对公益活动的需要，在活动模式、活动内容、活动结果等方面都呈现出了不同的特征。王嫣就虚拟企业社会责任共创的特点进行了分析，认为其既具有传统企业社会责任的特点，又具有成本较低、易于普及、高效率和内容丰富等特点。王佳炜、初广志从虚拟企业社会责任的社会特性出发，指出社交媒介可以扩大参与的时空距离，增强虚拟企业社会责任的群众力量。李璥、巩淼森归纳出了虚拟企业社会责任共创的四种不同特性，包括及时性、依靠平台性、价值关联性和任务的丰富性。

通过对国内外有关研究的总结可以发现，当前学术界对虚拟企业社会责任的研究主要集中在企业社会责任的特点及不同点。高晶怡和樊帅分别从组织方、实施方、消费者和参与途径四个方面进行了实证分析，结果显示，与传统的企业社会责任活动模式相比，虚拟企业社会责任共创具有更大的发展空间。另外，虚拟企业社会责任共创能有效地提高个体的捐款意愿，它是一种以网络为基础进行传播和交互的新型组织形式，有易传播、可大规模推广、方便参与等特点，满足了互联网用户日益增长的需求，提升了活动效果。万志强在研究报告中指出，当前各大企业充分挖掘网络技术的优点，实现了消费者之间、消费者与活动组织者之间跨越时间和空间的沟通，致力于实现共创活动信息资源的高效获取与及时反馈，并结合多元化的活动模式和丰富多彩的活动内容，达到了人们积极、主动地参与活动的目的。

基于虚拟社区的虚拟企业社会责任共创，与传统企业社会责任活动相同的是，他们都是以主动承担社会责任为目标导向；不同的是，随着大数据、人工智能、数据挖掘、VR 虚拟技术和 5G 的迅速发展，虚拟企业社会责任共创衍生出新的产业内容。通过对许多有关虚拟企业社会责任共创的研究，得出了以下四个特点：一是活动门槛较低，消费者参与程度较高。消费者参与虚拟企业社会责任共创活动是不受限制的，每一位手机用户都可以根据网络社区的活动规则，加入共创活动中。在这里，他们可以获得更多的信息，也可以与社区中的其他成员进行互动。在这个虚拟社区里，所有人都是平等的，无论是老人还是青年，甚至是来自不同国家、地区的人们，都可以为虚拟社区带来勃勃生机，汇聚力量，实现共同的社会价值。二是鼓励消费者进行主动的沟通与互动。在虚拟社区中，要长期吸引消费者，除了要重视其自身的特性，还要注意其社交环境。虚拟企业社会责任共创活动鼓励消费者在活动平台上进行广泛的交流，并鼓励他们根据参与经验来主动提出建议，这不但可以增进团体之间的亲密关系，也能模拟现实社会氛围为参与者创造更为真实的社区体验。除此之外，企业鼓励用户积极参与虚拟企业社会责任共创活动的改进与完善，使用户产生强烈的参与感。三是快速地确定参与该项目的消费者。利用越来越先进的技术和越来越成熟的社会传媒技术，如识别手机地址、通过微信绑定个人身份信息等，都可以使企业更好地识别用户的身份。在保证用户信息安全的情况下，能更好地提升用户的信任度，从而产生回报行为。四是组织形式和活动内容的多样化。虚拟企业社会责任共创可以利用越来越先进的电脑技术，利用文字、图片、语音、视频、网络直播等多种方式进行大量的数据和信息交流。丰富活动形式和内容，可以使更多的用户不断地加入虚拟社区，参与到社会价值的创造中去。

本书认为，尽管学术界对虚拟企业社会责任共创的特点从各个角度进行了论述，但对其核心特点却有着较为一致的认识，主要包括以下五个方面。

（1）参与度高。每位公民都可以参与虚拟企业社会责任共创，参与者也是多元化的，年轻人则是网络消费者的主体，也是虚拟企业社会责任共创的主体。

（2）高效率和多样化。虚拟企业社会责任共创融合了互联网的特点，目前主要有两种形式：一是以脸书（Facebook）、微博、腾讯公益社区等为基础的网络虚拟企业社会责任共创；二是以纯粹的手机通信方式为基础的社交软件，如微信等。虚拟企业社会责任的参与方式呈现出多元化的特征，能让消费者不受时空限制，在任何时间、任何地点都可以参与，社会媒介技术的高效率和便利性使得虚拟企业社会责任共创具有较高的效率。

（3）可辨识性。虚拟企业社会责任共创虽然是一项网络活动，但是消费者之间可以相互定义和识别，从而在现实社会中建立起一种社会关系；同时，消费者能通过互动了解企业的真正意图，并不断地进行合作。

（4）内容丰富。通过互联网技术，虚拟企业社会责任共创可以通过文字、语音、图片、视频等多种方式进行信息的传递，使消费者可以接触到丰富的信息。

（5）传播范围广。在社区平台上，消费者可以共享知识、分享经验、反馈意见等，能有效地促进团体之间的密切联系。虚拟企业社会责任共创可以通过社交媒体在不同的虚拟社区进行传播，具有成本低、传播范围广等特点。

（三）虚拟企业社会责任的相关研究

近几年，国内外关于企业社会责任的文献中都提出了让利益相关者参与企业社会责任的必要性，尤其是新技术的出现，使企业和股东之间的虚拟交流迅速形成，同时产生了一种新型的利益相关者参与方式，即联合创新。消费者不再是被动的观察者，而成为活跃的价值创造者，因此企业开始通过社交媒介与各利益相关者进行对话与交流，使他们积极地履行社会责任。企业社会责任共创的重要性日益突出，相关的实证研究也在逐步展开。

虚拟企业社会责任共创就是鼓励用户使用虚拟对话平台来参与制定与实施企业社会责任有关的决策。在设计层次方面，消费者可以为企业社会责任活动的主题和形式提出建议。例如：怎样处理社会层面的问题或者怎样处理与环境相关的问题、怎样分配基金及企业应当和什么样的非营利机构进行合作等。在执行方面，消费者可以参加特定的企业社会责任活动，社交媒体给消费者提供了一个交流的机会。樊帅等人从利益主体的角度出发，将虚拟环境下的合作行为划分为"利己"与"利他"，并提出了其本质上是"共同创造"的一种扩展，也就是在虚拟社区中进行社会责任共创，具有"利己"和"利他"两方面的内涵。樊帅、胡小青根据以往的研究，把消费者的参与划分为间接参与和直接参与，包括信息的分享、责任行为和人际交互三个层面。

刘小平等人运用扎根理论的方法，通过对个案数据的分析，得出了消费者在虚拟企业社会责任中的参与行为主要有享乐行为、责任行为、社交行为和个人行为的结论。之后，刘小平和邓文香继续采用"虚拟社区"交互路径划分方法，将其划分为"结构路径"和"经验路径"两种路径。在此基础上，设计路径着重于信息可靠性、易用性、便利性等结构和功能特性，而经验路径强调了虚拟企业社会责任共创能够为消费者带来情感体验。目前，已有的研究主要集中在影响企业共同创新的因素和行为效果上。

冈崎（Okazaki）和梅内斯德（Menendez）对全世界8个企业的推特（Twitter）社会责任的传播情况进行了调查，结果表明，虚拟企业社会责任共创在理念和实践中有一定的差异，即企业与消费者的互动程度较低，而消费者与消费者的互动比较活跃。这就意味着，尽管推特被消费者广泛使用，但企业并未充分利用它与消费者进行高效沟通。朱列蒂（Jurietti）等人以联合利华企业的"可持续生命实验室"为案例，考察了不同的利益相关者在虚拟企业社会责任合作中所带来的价值。我国的学者也在此基础上进行了相关的研究，樊帅、田志龙、胡小青以占有心理学为基础，采用问卷调查法，确定了消费者参与虚拟企业社会责任共创会对其心理归属产生积极的影响，并进一步验证了媒介的丰富性与虚拟企业社会责任共创中消费者的参与行为和其心理的关系。樊帅和杜鹏发现，虚拟企业社会责任共创中的消费者参与既有娱乐价值，也有实用价值，而像社会存在感、对虚拟社区的认同感及自我展示等要素都会对此价值的产生过程产生一定的影响。刘小平等人通过研究发现，在消费者认知过程中，虚拟企业社会责任的交互路径会对消费者的企业社会责任认知产生正面的影响，并进一步验证了消费者的自我建构对消费者认同的影响。另外，刘小平和邓文香以"蚂蚁森林"为例，运用扎根理论，验证了虚拟企业社会责任共创的协同效应。樊帅、田志龙、张君丽基于个体行为的动机这一角度，通过实证分析，发现在虚拟企业社会责任共创过程中，消费者的参与程度对其态度有影响，消费者的参与程度越高，消费者的态度就越好。

总之，虚拟企业社会责任共创是近些年才兴起的，所以与之相关的研究还不算太多，现有的研究多是从概念界定、维度划分、影响因素等方面进行的，很少对其消费者参与的心理机制进行深入的探讨。因此，本书从这一角度出发，运用扎根理论的方法，对影响消费者参与行为的动机进行分析，以求得到有意义的结论。

三、社交媒体和虚拟社区

（一）社交媒体

社交媒体（基于移动和网络的应用程序）的一大特点是允许创建和交换用户生成的内容，这使它迅速成为企业与消费者进行虚拟对话的重要渠道。社交媒体与其他媒体的不同主要体现在以下方面：

首先，社交媒体鼓励当前环境下的"点对点"沟通，即消费者之间的沟通，这可以基于参与者的共同价值创造出一个"虚拟社区"。社交媒体是对网络的投资，而不是企业与消费者的二元关系，它通过参与者的集体行动产生价值。研究人员研究了虚拟社区的动态，尤其是品牌社区，发现价值的来源是消费者对企业的认同性和自身行为的非功利性。

其次，社交媒体强调用户生成的内容。社交媒体依赖于先进的互联网技术和应用程序，用户能够通过互联网进行的持续对话来定位其他用户、生成内容并与其他用户共创信息，也就是人们常听到的"大数据"。社交媒体的用户是积极价值的创造者，而非被动受众。当企业通过社交媒体让消费者参与到对话中时，企业会邀请某些信息量丰富、有个人特点的消费者来做出积极的贡献。

（二）虚拟社区

"虚拟社区"这个概念是先于"虚拟企业社会责任共创"提出来的，在20世纪90年代后受到了广泛关注，取得了一定的研究成果。从参与虚拟企业社会责任共创的角色视角来看，虚拟企业社会责任共创的前身是虚拟社区的共创，其企业社会责任共创活动都是在虚拟的社区中开展的。有学者认为，消费者在参与虚拟企业社会责任共创的过程中，是通过对活动的认同来实现对企业的认同的；朱列蒂（Jurietti）、曼德利（Mandelli）等通过案例研究法，证实了丹尼尔（Daniel）等人提出的虚拟企业社会责任共创的理论机制；莫辛（Morsing）等人也认为，企业要加强与利益相关者的互动和交流，熟知他们的偏好和特点，以便使企业社会责任活动发挥最大效用；鲁伊斯（Ruiz）等人的研究进一步表明，消费者只有真正参与虚拟企业社会责任共创的活动，才能对企业的社会责任产生深刻的认识和感受，才能对企业产生更明显的好感。个人通过寻求与虚拟社区建立联系，可以表达自己的价值观，当个人找到这样的群体时，他们会参与塑造集体规范，并通过传播信息和招募其他成员来促进该群体的壮大。

由于社交媒体技术和充满价值的企业社会责任信息的融合，激活利益相关者的社会认同感已经成为可能。当利益相关者与其他社交媒体参与者共同创建企业社会责任时，对话参与者群体就成了一个特别有吸引力的目标。在这种情况下，共同创造会通过虚拟社区产生社会认同感，共同创造的过程表明，虚拟社区与利益相关者共创价值，可以帮助他们根据个人需求定制企业社会责任计划。因此，虚拟企业社会责任对话可以让利益相关者共创利益，参与者能够利用企业平台共同为一个大目标（如环境保护、社会福利）做出贡献。有学者发现了这样一种现象，虚拟社区的参与者除了加入品牌社区，还与互联网建立了联系，他们可以通过互联网分享产品的体验感和自身的兴趣爱好。也有学者发现，虚拟社区的参与者认为企业在与他们共创价值。例如，企业允许他们制定社区政策或就社区认同的内容做出决定。我们认为，与实体企业社会责任共创（如共同创造促销活动或为新产品创意提供方案等）相比，虚拟企业社会责任共创可能更容易产生高水平的社区认同，与其他活动相比，和志同道合的人共创企业社会责任，不仅真实地揭示了利益相关者自身的价值观或特征，而且揭示了社区的价值观或特征。这种基于企业社会责任的社区认同可能比基于产品相关的社区认同更加持久和独特。

第二节 虚拟企业社会责任共创

基于社交媒体和企业社会责任的相关定义，一般将企业社会责任共创、对话平台和对话参与确定为影响虚拟企业社会责任价值创造能力的三个要素。由于每个要素都可以由管理者决定，它们共同代表了一组杠杆。通过这些杠杆，管理者可以从虚拟企业社会责任对话中实现价值最大化。

一、企业社会责任共创

企业社会责任共创这一概念来源于共同创造，最初指的是"由两个人或两个人以上共有的集体创造力的活动"。也就是说，企业社会责任共创将共同创造的研究领域扩展到了企业社会责任。企业在这种情况下不再是企业社会责任价值的单一创造者，消费者也不仅仅是被动地披露企业社会责任信息的对象。企业应就其目标、价值观、实施计划和社会责任的其他方面直接与利益相关者沟通，并让利益相关者参与战略，这是最大限度地发挥企业社会责任活动的经济影响和社会影响的可行途径之一。因为只有邀请利益相关者做出决策或实施企业社会责任活动，企业才能充分理解他们的真实想法并且进行反思和调整，使企业社会责任活动更符合利益相关者的喜好。互联网技术的发展促使各种社交媒体的出现，这为企业和消费者之间的互动提供了更多的机会，使消费者参与虚拟企业社会责任成为可能。此外，消费者似乎愿意花时间和精力与企业建立合作关系，这种合作包括提供创意和评价等。在此背景下，企业通过在线社交媒体技术，鼓励利益相关者（特别是消费者）参与企业社会责任共创活动。活动设计者可以通过多种方式邀请利益相关者参与企业社会责任的设计和实施。然而，在传统企业社会责任管理模式下，企业是主要决策者，利益相关者则是"旁观者"，共同创建的项目将企业的角色转变为使能者，利益相关者成为制定者。在一项由多家企业参与的研究中发现，当员工共同创造企业社会责任，以帮助他们实现自身价值时，他们会认同企业，并更加致力于实现企业目标。总的来说，共同创造社会责任对于企业而言越来越重要，理论上的进步表明，共同创造社会责任可以成为企业改善与利益相关者关系的有效手段。

二、虚拟企业社会责任共创

（一）虚拟企业社会责任共创的提出

虚拟社区的诞生，在全球范围内引起了极大的重视，而"虚拟企业社会责任"就是其衍生物。其吸引了大量国内外学者，关于它的研究已有大量的成果，本书对以往的研究结果进行了归纳和总结，发现用户的情绪和行为都是影响其参与的因素。在此基础上，相关学者对消费者的参与动机进行了深入的探讨，重点是个人、群体、关系三个方面，如个人的认同、群体的信任、多元关系的满意度。另外，一些辅助社区的创建者也可以成为影响消费者参与的动机之一。鲍尔达斯（Baldus）、沃里斯（Voorhees）等提出了 11 种动机，这些动机来自用户的社区。也有学者对虚拟社区中的知识分享行为进行了探讨，通过对信任、认同、互惠、个人名誉与利他行为之间的中介效应进行了分析；张敏、郑伟伟、石光莲分别从社交资本和信任两个方面对用户的知识分享行为进行了探讨。巴塔查理亚（Bhattacharya）等人认为，在进行企业社会责任共创活动的设计和具体执行过程中，用户对企业身份的生成进行了研究。樊帅、张丽君通过对虚拟企业社会责任共创的研究，发现用户参与程度对企业和用户的关系有很大的影响，当用户参与程度越高，他们对企业的认同就越高，这种认同就会直接作用于虚拟社会。田志龙和樊帅认为，良好的用户与企业的关系同企业社会责任匹配程度有关，当消费者与企业的社会责任匹配程度达到一定程度后，他们就会在主观上认可企业的行为，并将其传播给企业的文化和品牌。

在线社区的消费者通常以交互的形式来获得资源，从这一角度来看，交互路径既有方便获取与共创相关信息的特点，也有以创造快乐经验为重点的享乐特性。交互增强了消费者对网络社区的社交氛围的认知程度，与其他消费者接触时，他们能体会到自己的社会身份，从而增强与平台的交流，对平台发展有积极的影响。章郑提出了"人际互动"和"人机互动"的概念。孙乃娟等人将"互动"分为"任务"和"互动"两大类。目前的社会责任划分方法对社会责任共创的多方应都有一定的指导作用，但是也有其局限性。所以，把社区活动的交互路径划分为结构路径与经验路径，这两条途径对虚拟企业社会责任共创的分析都有较好的参考价值。其中，利用结构路径来构造一个虚拟社区，主要表现为消费者的隐私、安全和方便，社区资源的丰富性和快捷性。

1. 虚拟企业社会责任共创的分类

从虚拟企业社会责任共创的实施过程角度来看，有学者提出了虚拟企业社会责任共创的价值形成理论，将整个形成过程分"企业社会责任共创互动""中介因素""价值创造"三个部分，并认为，消费者在参与企业社会责任活动的过程中，在对方互动的基础上，对企业、社会都创造了一定的价值。在虚拟企业社会责任决策中，最显著的特点之一是鼓励利益相关者共同创建企业社会责任活动，企业使利益相关者能够根据自身偏好进行企业社会责任活动的程度可能因能力而异；同时，此研究把参与虚拟企业社会责任共创的利益相关者分为"设计"和"执行"两大类。

（1）设计。企业可以要求利益相关者为企业社会责任活动做出贡献，特别是社交媒体平台可以为利益相关者提供机会，使他们能够传播信息，分享他们关于企业社会责任项目的经验。各利益相关者会广泛收集信息、提出创意，并提供理论等智力支持。这个过程具有很大的可塑性和灵活性，利益相关者兼具了"价值共创者"的作用。他们可以在朋友和家人中推广网站或活动，与他们共同创建信息，并为虚拟企业社会责任对话找到最合适或最容易接受的群体。例如，美国利宝互助保险公司（Liberty Mutual Insurance）设计了他们的虚拟企业社会责任对话（称为"Like My Community"），专门鼓励非政府组织和其他社区团体之间的对话，该企业提供了内容丰富、附带链接的推文，以及特定的"标签"，以便对话参与者可以传播有关其活动的信息。有趣的是，这种由利益相关者发起的沟通可以更有效地打破媒体混乱这一现状，因为它们以可靠的方式加入了正在迅速发展的社交媒体领域，每天都有新的形式出现（如油管（YouTube）等用户生成内容社区）。

（2）执行。企业社会责任活动整体思路和流程确定以后，企业会邀请利益相关者共同参与整个活动的各个环节，利益相关者相当于兼任了"共同生产者"的角色。

2. 虚拟企业社会责任共创如何产生价值

企业社会责任对话可以为企业和社会事业创造价值，产生的价值量由两个中介因素决定：利益相关者对企业社会责任绩效的期望（即企业社会责任期望）和利益相关者对社区的认同程度（即社区认同）。这两个中介因素无法通过单独参与虚拟企业社会责任对话来保证；相反，它们由对话的三个核心特征决定，即企业社会责任共同创造、对话平台和对话参与。下文对对话平台和对话参与进行了详细的探讨。

（1）对话平台。对话平台的第一个方面是媒体的丰富性。媒体的丰富性并非指媒体所传达的内容量和信息量，而是指媒体实现两个主要目标的程度：一是通过呈现新颖的视角（如他人的观点）来打破传统的模式和观念，二是通过澄清模糊信息来减少不确定性。在实现这两个目标后，高度丰富的媒体具有某些特征，比如可能涉及双向同步通信，为参与者提供即时反馈，可以利用各种通信形式（如文本、音频、视频、动画等）以多种方式传达信息，或者通过加入有意义的交流来实现充满价值的想法。媒体的丰富性是虚拟企业社会责任对话的一个关键方面，因为企业社会责任在一定程度上巩固了与利益相关者的关系，从而表明了一个组织的潜在价值观，媒体通过让参与者在认知和情感上充分参与，实现了这种复杂但充满价值的有效沟通。

对话平台的第二个方面是自我展示，即媒体允许或鼓励个人展示自身喜好、特征、愿望或其他信息。即使虚拟企业社会责任对话的其他参与者并非"忠实用户"，也可能会有意识或无意识地展示个人信息。允许博主公开发表个人观点的载体自我展示度很高，而互动不涉及任何个人信仰或特征的自我展示度很低。

（2）对话参与。人们把自己和他人划分为不同的社会群体，他们在心理上认同并想要加入有凝聚力的团体，这些团体有相对清晰的界限，并有一定程度的威望。为了让利益相关者通过虚拟企业社会责任对话充分表达他们的价值观，必须设置对话，以便他们描述自身的价值观。本书认为，企业可以通过参与两个主要方面，从而将虚拟企业社会责任对话实现价值最大化。

对话参与的第一个方面是自主性。虚拟企业社会责任对话的参与者不受企业的限制，以便他们可以独立决策、表达意见、参与自治或其他社区活动。高度自治的虚拟企业社会责任对话鼓励利益相关者承担起企业社会责任制定者的角色，而企业则成为一个使能者。自主性可以被视为一个程度问题，企业与其利益相关者之间的虚拟企业社会责任对话位于这一领域的一端，而这些对话主要鼓励利益相关者之间的对话。通过与利益相关者的自治社区进行虚拟企业社会责任对话，社区可以以高度创新的方式共同创建企业社会责任。大众媒体注意到，越来越多的企业鼓励利益相关者与其他利益相关者（如员工、软件开发人员和消费者）互动，以激励他们创新。

对话参与的第二个方面是排他性。排他性是指虚拟企业社会责任对话对公众的封闭程度。虚拟对话的排他性也可以被视为一个连续体：在一端（即低排他性），互联网上的任何人都可以参与讨论、投票和内容生成，而在另一端（高排他性），参与者必须证明他们具备加入团队的资格。大众媒体将高排他性的社交媒体称为"虚拟社区"。一些消息来源表明，互联网用户越来越多地寻求社区，他们可以在有限的虚拟空间中与一群志同道合的人接触。在虚拟世界中，排他性主要通过限制某些类别的参与者来实现，虽然一些对话可能对所有群体（消费者、员工、投资者、供应商和整个社区）开放，但其他对话则相当具有排他性，只面向特定领域的专家或其他利益相关者（如仅限当前参与者邀请的人）。例如，美团联合健康集团（United Health Group）创建了一个内部网站，名为"参与捐赠"。参与者发布视频和照片，解释他们为什么喜欢捐赠，由同事投票选出最佳故事。排他性是虚拟企业社会责任对话的一个重要元素，因为它标志着社区的独特性，并且可以与其他参与者建立联系，从而增强认同感。

（二）虚拟企业社会责任共创的相关研究

近年来，越来越多的利益相关者参与到企业社会责任共创中，新技术的引入，尤其是社交媒体的逐渐增多，使越来越多的股东参与到共创中来。由于使用社交媒体的消费者越来越多地参与到与企业的交流中，企业也开始利用这种方式来主动与各利益相关者交流，因此通过网络社区与消费者进行交流，已成为许多企业采取决策的重要工具。另外，莫辛（Morsing）等人的一项研究也表明，要与各利益相关者建立长期的联系，树立良好的企业形象与信誉，就必须重视各利益相关者在社会责任中的影响力。

有学者从利益主体的角度对虚拟环境下的企业社会责任活动创新进行了深入的探讨，主要有两个方面：一是基于"利己"的网络活动，即通过企业和用户之间的知识共享，从而帮助企业有效地开发新产品；二是基于"利他"的虚拟品牌，比如消费者参与品牌活动的动机是什么。在网络思维的冲击下，各个行业都通过"互联网 +"来转变营销方式，其本质上就是"虚拟社区"的内容扩展，也就是在虚拟社区中进行企业社会责任的共同创造。

当企业将利益相关者考虑到共同创造中时，主要是让他们帮助企业确定社会责任活动的主题和形式，以及具体的实施内容。一些学者将合作行为划分为三类：企业主导型、消费者主导型和互动型。樊帅将消费者参与企业社会责任的行为分为信息分享、责任行为和人际行为三类，并对其进行了实证分析。涂剑波、张明立将虚拟社区中的创造价值分为实用价值和享乐价值。

樊帅等人通过分析发现，消费者参与虚拟社会可以获得社会存在感，也有助于增强其对虚拟社区的认同感。

第三节　消费者参与虚拟企业社会责任共创的原因分析

在传统的企业社会责任活动中，各利益相关者对企业社会责任的认识不足。事实上，企业社会责任所使用的沟通方式的差异，也会造成消费者态度和购买意向的差异。因此，众多学者提出了一种基于双向对称的利益相关者介入战略，即利益相关者在企业社会责任中主动参与，并在实施企业社会责任过程中充分考虑各相关方的观点，从而更好地实现信息交流。在此基础上，国内的学者将此战略具体化为深度参加企业社会责任共创活动可以让顾客对企业社会责任的行为和观念有进一步的认识，从而产生积极的社会影响。

一、心理归属理论

在共创活动中，消费者不仅可以获得企业社会责任的一定的决策权，而且可以更好地理解企业社会责任的概念，了解企业在活动的策划和实施中所投入的人力、物力、财力等资源，消除消费者对企业社会责任的质疑，进而产生更加积极的影响。但是至今尚无相关研究对其进行实证分析，其实对这种现象所产生的心理机理进行深入的探讨，可以更好地指导企业的实践。此外，社会媒介等外在因素是否会对这种心理机制的形成有一定的影响，这也是一个需要进一步探讨的问题，本部分以心理归属理论为基础，对消费者参与虚拟企业社会责任共创的原因进行了深入的探讨。

在企业社会责任共创方面，丹尼尔（Daniel）等人首先对企业和企业社会责任共创相关事务的影响进行了研究。王静一等人的实证分析表明，消费者参与企业社会责任活动会产生很多积极影响。然而，以上的研究都是以社区身份理论为基础，从一个角度进行分析，得出的结论太过单一。还有一些学者认为，在市场营销中应该运用心理归属理论，这体现了消费者与企业和企业产品的情感关系。目前，国内外学者对心理归属理论的研究大多集中在组织态度、组织行为、组织激励等方面，而在市场营销领域，则主要关注消费者对其满意度、相关意向、口碑相传和支付意愿等方面。心理归属不仅是人的心理认知，更是一种心理情绪，是一个人对事物的感受、观点和信仰。也就是说，一个人对一个具体的目标保持着注意力，并且投入精力到一个目标上，由此产生了一种精神上的归属。

总之，本书将心理归属理论界定为一种反映个人与对象（有形和无形）的亲密性联系。已有的文献表明，控制事物、对事物的注意力和理解，以及自我的参与等相关路径都可能产生人的心理归属感。例如，如果让消费者参与到产品的控制中，那么他们就会对其产生一种心理上的归属感，从而产生良好的评价；而当一个人对一个特殊的对象有了更深的认识之后，他对这个对象的心理归属感就会变得更强；同时，一个人如果将自己的精力和体力投入事物的生产中，那么这个事物就在某些方面体现了这个人的性格特点，这个人就会对这个事物产生强烈的归属感。

总体而言，对事物的掌控、熟悉度和投入都能让人产生一种强烈的归属感，自我一致性则认为，当一个人投入一个事物中时，他就会和事物融合，并在某种程度上拥有了对事物的控制力。在虚拟企业社会责任共创活动中，既要突出消费者和商家之间的交互作用，又要注重在交互中实现共同的价值创造，消费者在企业社会责任共创活动中的参与程度越高，其对企业社会责任的掌握程度越深，对企业社会责任的认识越深，越能掌握企业社会责任的资讯，越能使消费者在社会责任活动中投入更多的时间、精力、脑力，越能激发他们参与企业社会责任活动的自主性。

心理归属是个人主观判断的表现，当一个人客观真实地拥有一个事物时，如果外界表现出消极看法或与他的看法不一致时，那么他就会避免触发"联想自我错误"模式，因为他现在不可能改变自己对这一事物的真实所有权，而只能通过逃避事物和自身的关系来解决这个问题，所以，个人对事物的占有并不意味着他对事物的评价是正面的。而当个人的心理归属和自我锚定完成后，就会成为一个可以被主观调节的心理归属，从而可以通过对心理占有意识的剥离来解决上述矛盾。所以，当个人对事物产生了心理上的归属后，就表示他已把自己的意象与事物进行了结合，为了保持和加强自己的想象力，个人就会对事物做出积极的评估。那么，在一个人参与了企业社会责任共创活动之后，他就会对这个活动产生一种心理上的占有，从而对企业的社会责任理念产生认同，即当消费者对某一商品或服务有了一定的归属感时，那么他对某一商品或服务的态度和评估会更加积极，这一观点已被众多学者所认同。

二、自我展示理论

自我展示理论起源于早期的象征交互说，这是一种使别人认识自身存在的方法，目的是在别人的心里形成一个他们自己觉得满意的图像，而个人为了达到这个目的所采用的方法，就是所谓的"展示"战略。自我展示是指通过向使用者施加不同的自我表现策略，影响或控制他人，从而展示自己。自我展示的前提因素：为得到物质奖励及消费者在他人眼中产生的满意形象等，"自我展示"与"真实自我"的差异越大，消费者表现出的意愿也就越强烈。随着互联网技术的不断发展，消费者在使用新媒介的过程中表现出了多样性，他们能够更好地掌控自己的行为，也越来越多地展示自己的行为。因而，在实际生活中，消费者的自我展示需求日益增强。关于这方面的研究也亟须充实。

三、虚拟社区身份

"虚拟社区"中的"社会身份"，即社区中的成员认同社区的规范，并认为社区中的其他成员也将自己作为社区中的一分子。国内外关于社区身份的研究主要集中在传统的线下品牌社区中，而近几年，由于互联网技术的发展，社区身份在虚拟环境中的地位越来越受到国内外学者的重视。通过个案分析和研究方法，有学者发现，社区居民会对自己的社区有一种归属感和情感寄托，楼天阳、陆雄文从社会成员的身份来源切入，发现在虚拟社区中存在各种不同的来源。总之，目前已有的研究多集中在以虚拟社区身份为变量的基础上，对其前置变量的研究却很少，特别是企业的哪些行为可以引起社区认同、活动的特点、消费者的心理机制等问题。

社会化媒体的调控功能，让消费者可以自由地进行创作和交流，从而迅速地成为企业与利益相关者进行虚拟交互的一个重要途径。它的主要功能是促进人们的平等交流，让人们更容易建立起一个虚拟社区。社会媒介促成了一种点对点的沟通。在这个研究中，消费者可以在分享价值时建立起一种集体（社区）的认知，从而更好地展示自己的价值，并以口碑来推广这个组织。同时，这种沟通也强调了使用者的产品，让使用者更容易成为创造价值的参与者。社会媒体消费者并非消极的收听者，而是一种积极的价值创造者，他们依靠 Web2.0 技术，通过网络聊天和与其他消费者分享信息等方式，对其他社区成员的态度产生影响。

自我展示是指一个平台让一个人展示自己的信念、个性、欲望或其他信息，媒体的丰富性并不意味着它所传递的信息数量多，而在于它能够在特定的时间里，使人们的认知发生变化。心理学家发现，在接受信息时，不同的媒介会引起个同的感受。由于信息的多样性，不同的媒介在"模糊性"和"不确定性"方面存在差异；也就是说，媒介在传递过程中起着关键作用，媒介的丰富表现会在特定的时间里改变参与者的认知，展示了从不同的视角来"超越参与者已有的参考架构"，所以在进行交流时，应根据不同的交流内容和重要程度，选用不同的媒介。高效的媒介必须是即时的、双向的沟通，参与者利用各种方式（文字、视频、录音等）来传递信息、及时反馈，并以嵌入的方式来传递复杂的或有价值的资讯，所以从企业对共同创新活动的可控程度来看，媒介丰富性对参与者的作用比自身表现更重要。消费者是通过虚拟网络与商家进行沟通的，媒体的丰富程度会影响消费者对企业社会责任行为的认知。如果企业不能及时地提供信息，或是提供的信息含糊不清，那么非常容易造成误解与偏见。与此同时，企业社会责任与消费者之间的紧密联系，在一定程度上反映了企业的潜在价值。企业通过消费者的体验，能够把握他们的认知与情绪，而媒体的互动性确保了复杂且有价值的资讯能够实现高效的传递，丰富的媒介平台可以使参与者更加全面地表达自己的价值，从而影响他们对企业的看法和评估。

因此，媒介的丰富性将对参与共同创造的消费者行为进行调整。此外，亲社会行为理论还指出，如果一个潜在的帮助者有能力去帮助他人，而且他对自己的行动结果很有信心，那么他就更有可能去帮助他人。也就是说，当人们的感知能力变得更好时，他们就会变得更有动力，即消费者对企业社会责任行为的认知程度愈高，则其参与程度愈高。有研究表明，在高效率的社会媒介中进行交互沟通，可以迅速减少模糊性和不确定性的信息，提高自我意识的一致性，从而影响对自己的价值判断，形成一种心理归属。总的来说，国内外有关消费者参与企业社会责任共创活动的研究还很少，已有的研究成果多集中在消费者社会责任行为、消费者企业社会价值创造行为、消费者社会责任行为等方面。

四、组织支持理论

组织支持理论认为，员工在得到正面的组织支持后，会对组织有正面的认识和情感，并以辛勤工作来回馈组织。组织支持是由社会支持理论发展起来的，社会支持分为功能型支持和情感型支持两种。功能型支持是指个人在工作中所需要的信息、工具和其他资源，以协助其完成工作或解决其所面临的问题；情感型支持指的是一个人在面对压力时表现出的同情、关怀和爱心，以获得信任和温暖，满足个人和别人在接触和互动时心理上的需求，缓解他在对抗压力时的消极情绪。员工感觉到企业的关心和支持时，会更努力地工作来回报企业。汪涛等人提出，消费者导向的企业支持是一种基于员工的组织支持，并将其运用到消费者层面，之前的关于员工投入的调查有助于我们理解消费者的投入，表明组织支持与消费者的自我认知有明显的正向关系。在此基础上，贝当古（Bettencourt）把组织支持的研究成果运用到消费者身上，并在此基础上提出了一个概念，即消费者感知的组织支持。赵晓煜等人从功能支持、信息支持、情感支持三个方面对消费者感知到的组织支持进行了阐释。

第四节　消费者参与虚拟企业社会责任共创的必要性

通过虚拟企业社会责任对话，利益相关者可以为企业社会责任项目的设计做出贡献，如确定要解决哪些社会或环境问题、如何分配资金、企业应该与哪些非营利组织合作等。这种双向对话为利益相关者提供了机会，使他们可以集体讨论解决问题的方法。

虚拟企业社会责任对话能够提高人们对企业的期望，并增强人们对社会的认同感，这是推动虚拟企业社会责任对话产生最终价值的潜在心理力量。除此之外，参与虚拟企业社会责任共创也为利益相关者带来了一定程度上的满足感和社会参与感。

一、对企业的价值

消费者通过直接参与企业的社会责任活动，扩大了企业的品牌知名度，从而提升了企业的形象，提高了企业的商业价值。

消费者有许多渠道来支持一家企业。例如，消费者可以通过购买企业产品、申请在该企业工作、买股票等渠道来支持一家企业。有研究表明，企业社会责任可以使消费者超越传统的消费者角色界限，以多种方式参与企业相关活动。例如，有学者发现，消费者对企业慈善捐赠情况的了解会使他们购买其产品、申请工作和投资企业股票的意愿增加。

提升企业价值的一个关键驱动因素是对虚拟企业社会责任对话社区的认同。由于企业是虚拟企业社会责任对话的发起人，因此基于从属关系，该企业将从此类对话中受益。换句话说，企业可以通过鼓励消费者参与虚拟企业社会责任对话这种方式，强化企业和消费者的关系，从而达到让消费者满意的目的。有相当多的证据表明，无论是虚拟还是实体的社区认同，对于企业而言，都是相当大的支持。在品牌社区中，社区成员对购买企业的产品和服务产生了更强烈的欲望，当他们感觉到社区的凝聚力时，他们会帮助其他成员获得企业的产品和服务，从而使企业得到更多利益。这种影响也会延伸到工作领域。例如，巴特尔（Bartel）企业的志愿活动激活了员工的社会认同感，这种认同感促进了他们在企业内的合作。

随着虚拟企业社会责任共创对企业信誉的提升，消费者会做出对企业更有利的行为。但是，这种影响是通过一个确认过程来调节的。在这个过程中，消费者根据企业的期望绩效来评估其实际企业社会责任绩效。交流是一个动态的、持续的过程，消费者能够根据过去的业绩，对企业未来的业绩做出假设，然后利用接下来的实际情况对这些假设进行检验。当业绩达到或超过期望时，即表示期望得到确认，消费者可能会继续保持与卖方的关系；当企业未能达到期望时，消费者的期望不会得到确认，随之可能会退出关系。如上所述，企业社会责任期望需要经过确认过程，消费者可能会根据自身观察到的企业社会责任表现来衡量这些期望。当预期得到确认时，消费者将继续表现出一系列支持行为，从而提高企业的长期价值；如果企业严重低于预期，消费者可能会放弃支持，甚至可能会采取与企业相反的行为。总的来说，当企业社会责任期望得到满足时，企业的价值会增加，但如果企业社会责任期望得不到满足，企业的价值会降低。

消费者参与虚拟企业社会责任共创，也是一个重要的创新。企业的创新将直接影响企业的经营行为，而企业社会责任的作用则表现为商业模式的创新和技术的创新。在商业模式创新上，将社会责任融入企业经营模式中，是由"传统的慈善观念"向"创造分享价值"的转变；把企业的经济价值及社会价值结合起来，可以为企业经营模式创新提供更多的选择空间，形成更广泛的利益共同体；积极承担社会责任能够帮助小微企业树立一个很好的社会形象、得到社会的认可、从外部获取资源、加快开放式的创新。

在企业的经营活动中，建立一个良好的品牌形象意义重大。消费者的参与可以有效地提高企业的品牌形象，而企业社会责任的优良业绩可以极大地提高企业的品牌形象。有学者从 8 个方面探讨了积极履行企业社会责任对企业信誉的影响，发现除经济责任外，其他方面都对企业产生了积极的影响，在企业发生品牌危机的时候，企业良好的社会信誉能够有效地保护企业的品牌形象，减少企业的运营风险。因此，主动承担社会责任的企业，不但可以正面地提高其品牌形象，而且可以在一定程度上弥补企业造成的不良影响。

二、对社会的价值

虚拟企业社会责任共创除了可以为企业带来价值，还可以为社会事业创造价值。企业社会责任是改善社会福利的一种重要手段。企业社会责任能够增强个人的社会责任感，并鼓励个人积极投身于公益事业。在虚拟企业社会责任共创中，消费者通过投入物质、情感、认知等，同企业进行价值共创，有助于养成优良的社会风尚。从长期来看，这对于提升社会福利意义重大。

消费者通过虚拟企业社会责任共创所产生的推进社会发展的任何行为，都可以为社会带来价值，这些行为包括为公益事业捐赠个人资源（如时间、金钱或产品），改变个人行为以支持社会公益事业（如减少能源消耗），在朋友、家人和其他人中宣传公益事业等。本书认为，虚拟企业社会责任共创能够引导消费者创造这种价值。

消费者参与虚拟企业社会责任主要源于他们的社区意识，这是消费者向社会事业贡献时间、金钱或产品的一大动力。首先，通过将社区身份融入自我意识，虚拟企业社会责任共创的参与者将遵守群体规范，他们越认同共创社区，就越愿意参与社区倡导的公益活动；其次，一些学者认为，互联网，尤其是社交媒体平台，给许多人提供了一个发声的机会，从这个意义上讲，共创社区为共创参与者提供了一个平台，让他们通过社交媒体投射自己的价值观，展示自己的社会身份。

随着消费者对企业社会责任期望的增加，虚拟企业社会责任共创的参与者会越来越倾向于为社会创造价值。出现这种情况的原因有很多。首先，当企业社会责任期望因共同创造而增加时，参与者会沉浸其中，表现出更多对社会事业的支持行为；其次，企业社会责任期望的作用类似于团队效能，与群体效能感类似，个体倾向于为成功可能性大的群体努力做出贡献。总的来说，消费者越相信企业能通过集体行动产生效果，就越认为自己做出的贡献是值得的。

三、对利益相关者的价值

企业不仅要对所有者负责，还要对其他利益相关者和整个社会负责。然而，关于利益相关者是谁，目前还没有达成共识，狭义和广义的方法并存。笔者认为，利益相关者是指任何影响组织的实体，通常是企业之外的实体，利益相关者通常包括消费者、竞争对手、金融界、政府、监管机构或政治活动团体。消费者是企业的主要利益相关者之一，如今，消费者在决定与哪些企业加强合作时，越来越多地将社会和环境标准纳入他们的决策中，从有社会责任感的企业购买产品会给消费者带来不同的好处，这些好处可以是自我导向（如自我实现），也可以是其他导向（如改善消费者的社会形象）。

第一，虚拟企业社会责任共创能够促进消费者的融合。自主性学说认为，个体天生就有满足自己的基本心理需求的欲望，而满足这些基本的心理需求是激励个体内在动机和指导行为的关键。企业的活动机制设计、界面设计和互动元素设计，使消费者能够充分发挥自己的积极性，与其他志同道合的人进行交流，建立起良好的关系，从而实现虚拟企业社会责任共创。因此，虚拟企业社会责任共创能够有效地满足消费者的能力感、自主感、关联感，从而实现消费者的融合。

第二，虚拟企业社会责任共创有助于利益相关者对企业社会责任的认同。虚拟企业社会责任认同的实质是消费者对企业社会责任行为的认可，以及社会公众对企业社会责任活动的观念和价值观念的认可，包括对其社会责任的支持和信任。此外，通过调整员工参与虚拟企业社会责任共创的方法来表达自己的价值，可以让员工对企业有更多的认同，从而更好地为企业服务。因此，虚拟企业社会责任共创对于消费者的社会责任认同具有正面的作用。

第三，虚拟企业社会责任共创可以为消费者创造价值。经验是消费者在与企业对话的过程中产生的一种主观情感，与传统的商品支配逻辑所强调的交换价值不同，在服务支配逻辑下，价值是在用户之间的相互参与和交互作用下形成的。交互是创造价值的路径，是消费者获取经验价值的一个重要途径。在此基础上，有学者对虚拟品牌社区中的消费者体验价值进行了分析，结果表明，虚拟企业社会责任共创的一个重要特点就是利用社会媒介促进消费者与企业、消费者与消费者之间的多元互动，消费者在创造的过程中贡献自己的知识与智慧，在参与互动中获取经验价值。

消费者的反应与回馈是衡量企业市场运作效果的重要指标，企业的社会责任活动首先会影响消费者的企业社会责任感知，进而从感知到的企业社会责任行为中推断出其背后的动机，动机会影响消费者对企业品牌的评价态度，进而影响消费者的行为。当前，大部分的研究仍偏向于企业社会责任对消费者的积极影响，企业社会责任的表现方式会影响消费者对企业社会责任的认知，高匹配度的企业社会责任行为对消费者的影响更为明显，与自身形象匹配度较高的企业社会责任行为更容易得到消费者的认同，从而得到他们的支持，提升其购买的意愿和消费的忠诚度。然而，并不是所有的企业社会责任行为都能被消费者所接受，有时也会被消费者质疑，乃至被消费者抵制。一些学者认为，"吃力不讨好"的企业社会责任的实现机制：企业的社会责任特性会对消费者的反应产生一定的影响，如匹配、承诺水平、时间选择等，这些都会对企业社会责任产生一定的影响，"感受过度"会产生反作用，进而产生消极的评价、质疑乃至抵制。

此外，有学者得出结论，一家企业的社会责任活动可以同时为利益相关者创造三种类型的价值（功利、情感和社交）。

首先，用户对于一家企业的产品消费可能是由功能效用驱动的。例如，购买混合动力汽车不仅可以改善环境，还可以节省燃料。一些研究表明，品牌对社会负责的观念会使它们不断提高产品质量和自身服务水平。

其次，有学者指出企业社会责任与消费者的情感价值有关。行善（通过购买特定产品或服务为社会事业捐款，或惩罚不负责任的企业）的想法会给消费者带来积极向上的感觉。企业社会责任与情感价值之间的关系符合这样一种观点，即企业社会责任产生了一种情感品牌定位，能够影响消费者的情感反应。

最后，企业社会责任与消费者的社会效用有关。企业社会责任是一种表达个人身份的机制，它使个人能够解决特定的自我定义需求，并在社会上表达价值观和世界观。例如，消费绿色产品是个人致力于环境的社会表达机制，企业社会责任能够加强消费者对企业的认同感，这有助于解决消费者的自我定义和自我表达需求。

作为企业的直接利益相关者，在虚拟企业社会责任共创中，消费者的参与可以提高企业的声誉，提高员工的外在荣誉和内在的被尊重感，进而提高企业的组织认同。员工的企业社会责任行为会影响其对企业的组织信任度和满意度，进而改善工作表现；同时，具有良好社会责任感的企业能够满足应聘者的期望，并能极大地提高企业对应聘者的吸引力。

第五节　消费者参与虚拟企业社会责任共创的现状

消费者参与是指在其被提供商品或服务时，消费者投入物质或精力的程度，是信息传递、身体投入、情感投入等方面的综合表现。目前，学术界对消费者参与维度的划分尚未达成一致意见，但多数主张将参与行为分为信息分享、责任行为、人际互动。这种观点已经被有关消费者研究的学者所认同和采用；同时，消费者参与的线下研究也为虚拟企业社会责任共创的研究提供了参考和指引。

消费者是企业最大的利益相关者，是企业积极承担社会责任的关键因素，企业的经济价值也要靠消费者的一系列消费活动来实现。因此，企业在进行社会责任的相关活动时，应注重消费者的影响。消费者的个体特点会影响对企业的社会责任行为的评价。在消费行为中，消费者的收入、学历、年龄等都是不容忽视的因素。此外，消费者的价值观念也起到了很大的作用，而自我超越和自我提高的消费者在感知、动机判断方面存在较大的差别。

一、现实背景

随着 Web2.0 的到来，网络社交媒介技术在当今社会中的地位得到空前提高，它为人们在社会各方面的信息共享和集成开辟了新的途径。"互联网＋"是一种新的互联网社会媒介技术，它使每一个人都有机会实现自己的价值。2015 年，国务院发布了《关于积极推进"互联网＋"行动的指导意见》，表明了政府对这一新模式的支持。面对网络时代的浪潮，传统的企业社会责任模式必然要进行创新和变革，从而形成一种全新的企业社会责任模型，即社会化媒体技术和企业社会责任相结合。企业社会责任的开展已经从传统的线下活动转向了线上的形式，大量的"互联网＋"企业社会责任营销模式应运而生，很多企业通过应用软件、微博、公众号、微信等社交媒介进行企业社会责任共享，通过虚拟社区和消费者之间的互动，达到了社会价值的双赢。与传统企业社会责任活动相比，虚拟企业社会责任活动形式更加多样化、有创意、贴近生活及重视公益理念的传播，如采用互联网募捐、微公益、捐步数、网络植树等项目，虚拟企业社会责任活动的活动理念相较于传统企业社会责任的低调倡导，更加讲求高调个性与平民化，虚拟企业社会责任活动中消费者与企业的互动更加密切，这更有利于消费者和企业关系的建立，消费者的共创不仅满足了消费者的需求，也为企业开展虚拟企业社会责任共创提供了一定的信息。总体而言，新型的虚拟企业社会责任模式更具正规性，更多的是一种企业社会责任理念的推广，要在企业社会责任方案的选取上，突破传统，寻找创新，让更多人获益，提高公众参与度，最终实现企业的社会价值共创。

2010 年，宝洁公司在一个虚拟社区发起了"未来友好的挑战"，希望通过这个项目增进消费者与企业的关系，在这个项目中，15 万名潜在的"友善"的追随者发表了一些建议和经验；腾讯基金会在自己的网站上发起了一个自创的公益项目，所有的消费者和慈善机构都可以发布自己的公益项目，并根据最终的点赞、分享、传播次数等进行排名，腾讯基金会资助的活动也会按照不同的数额进行捐款，如"转文捐款""助跑"等活动，都收到了很好的效果；2016 年，支付宝平台推出了"蚂蚁森林"，消费者可以通过支付宝平台进行积攒能量种植、分享故事、分享经验、分享知识等活动，取得了良好的社会效益，截至 2017 年底，线下累计种植和维护了 1314 万棵树，守护了保护地约 807.4 公顷；2017 年，腾讯公益的"儿童画廊"活动，向社会各界征集了 36 张由孤独症患者制作的作品。"互联网＋"这种形式使企业的社会责任逐渐进入了大众的视野，"互联网＋"的企业社会责任活动也日益受到广大群众的关注。据中国互联网络信息中心（CNNIC）发布的《中国互联网络发展状况统计报告》显示，截至 2016 年末，中国网民利用互联网进行公益活动的比例达 32.5 %，用户规模达到 2.38 亿，其中个人捐款近年来呈增长趋势。

从以上可以看出，当前有些虚拟企业社会责任共创活动已经取得了较好的社会效果，这些活动不仅实现了企业的社会责任，而且满足了消费者的社会责任需求，有利于消费者的认同，提高企业的形象，增强消费者对企业的信任，使消费者产生更多有利于企业和价值共创的行为，这是一种企业和消费者的双赢模式，对企业营销的有效开展有着积极的作用。然而，也有许多企业的虚拟社会责任共创活动并不尽如人意，其中如"负面消费者"等，这些与企业尚未达成共识的消费者已经成为许多虚拟企业社会责任共创可持续发展的障碍。如何维持和推动虚拟企业社会责任的可持续发展已成为一个亟待解决的问题。在"互联网＋"时代，消费者已经逐渐拥有了引导舆论、建立口碑经济乃至颠覆企业品牌的巨大影响力，消费者角色由传统的价值被动接受者转向为价值的共同创造者，消费者这种力量及角色的转变在虚拟企业社会责任共创中表现得尤其明显。消费者与消费者之间的关系、消费者行为的表现对虚拟企业社会责任共创的可持续发展具有重要作用。

在 Web2.0 时代，消费者与企业、消费者与消费者的交互已经成为一种普遍现象。消费者从"被动的价值接受者"到"积极的价值创造者"，消费者的意见与回馈是最具研究价值的内容，"消费者互助"已成为买卖全过程中最具效率的参考。消费者和平台的互动创新，使平台各成员（企业、消费者、平台供应商）信息变得更为透明、相互影响的程度更深、关联性和黏性更强，因此消费者拥有比以往更多的选择权和主动权。这种改变对企业社会责任的实践产生了很大的冲击：一方面，消费者可以在平台上自由地表达自己的意见，企业可以将一些社会问题提前纳入企业社会责任战略范畴；另一方面，企业行为日益透明，消费者购买决策过程中除了考虑产品质量和产品服务等传统因素，也会考虑企业对社会问题的参与度等。因此，在虚拟企业社会责任的实践中，企业可以利用其技术实力和核心地位的优势，将消费者融入企业社会责任中。比如，2016 年，支付宝启动"蚂蚁森林"活动，这是一个激发消费者低碳出行与公益种树相结合的项目。这个项目一经发布，就获得了广大消费者的青睐。"蚂蚁森林"的出现，正是支付宝平台进行的一种创新的企业社会责任。消费者的社会责任行为变得更加积极，消费者加强了与平台的交互，增强了对平台的忠诚度。但并非每一家虚拟企业都能通过社会责任来获得消费者的正面反馈，一些虚拟企业通过网络技术来履行社会责任，不仅没有增强消费者的忠诚度，反而产生了很多负面行为，虚拟企业社会责任价值由此受到质疑，其履责成本过高、履责效果不明，在某种程度上成为制约其发展的障碍。当前，有关虚拟企业社会责任和消费者反应的研究还很少，通过对虚拟企业社会责任的研究，可以为虚拟企业社会责任实践提供科学的理论依据，为其在不断变化的市场竞争中提供可靠的、持久的竞争优势。

二、理论背景

近年来，对企业社会责任理论的研究已成为国内学者研究的焦点，很多文献对其内涵、价值及履行方式进行了系统的探讨，并得到了学术界的普遍认同。但是，对互联网环境中虚拟企业社会责任进行分析和探讨的相关研究还很少。

（一）对虚拟企业社会责任的认识尚处于"丛林"的阶段

"丛林"阶段主要指的是初创时期。当前，对虚拟企业社会责任的认识仍处于初期阶段。从现有的文献来看，目前学术界尚未普遍认同虚拟企业社会责任观念，尚未对其进行明确、科学、统一的界定，但在实践中，已经有了超出传统企业社会责任内容边界的实践行为。平台所具有的"私人"与"公共"的双重特性，使其在履行社会责任的逻辑起点上发生了较大的变化，从原来的单方面市场环境中的企业社会责任内涵、内容边界界定等方面来看，其适用范围明显不够。肖红军认为，作为个体经营者与商业生态系统的组织者，虚拟企业具有独立运营平台、商业运作平台、社会资源配置平台三种角色，因此承担着三重社会责任。虽然之前的研究并未就其内容边界与内涵进行深入的实证分析来获得学术界的一致认同，但是在此基础上，我们可以清楚地看到在这一问题上存在重叠的路径。

（二）对虚拟企业社会责任共创的研究主要是从宏观的角度进行的

企业的虚拟企业社会责任行为与企业的价值具有正相关性，企业的财务业绩对企业社会责任绩效有很大的影响。由此可见，关于虚拟企业社会责任共创的研究主要侧重于宏观层面，对处于微观层面的个人则缺乏足够的重视，对消费者社会责任的认识也较少，而且在研究方法上仍多停留在理论层面，实证方面则是一片空白。

（三）从总体上看，虚拟企业社会责任研究不够系统

赵万一等人从法律规制的视角，提出了将虚拟企业社会责任划分为一般责任和特殊责任，并制定相应的法律法规来规范虚拟企业社会责任；刘奕等人从政府监管的角度，提出了虚拟企业社会责任管理问题；肖红军、浮婷等人均提出了构建生态系统成员责任共同体的设想。但是，目前的研究缺乏对相关课题的归纳和整合，对虚拟企业社会责任内涵、虚拟企业社会责任的影响因子与后果等方面的研究缺乏足够的重视，致使责任治理研究结论难以进一步指导实践。

第三章 消费者参与虚拟企业社会责任共创理论分析

本章内容为消费者参与虚拟企业社会责任共创理论分析，分别从消费者个性与态度、虚拟企业社会责任感建立与履行、提高消费者参与虚拟企业社会责任共创的积极性三个方面进行了阐述，希望能够给更多的研究人员带来帮助。

第一节 消费者的个性与态度

一、消费者个性概述

（一）个性的基本概念

个性一词来自拉丁文，原指演员所戴的"面具"，后来引申为人物、角色及其内心的特征或心理面貌。后来，心理学家引用这一词语来表示个人在自己的人生大舞台上扮演的社会角色。不过，到现在为止，关于个性一词在心理学上依旧没有明确的定义。很多学者试着从各个方面描述这个词语，有的学者强调其遗传性和幼儿时期的经历带来的影响；有的学者认为，社会环境对一个人的影响至关重要，人的个性是处于动态变化中的。现在，较为权威的定义主要包括以下几种：

第一，个性是一个人内在的行为倾向，是具有动态一致性和连续性的持久自我，表现了一个人处于动态变化中的全体和综合。

第二，个性是个体独有的思想、感情和行为方式。它包含了人们的感受、立场和看法等，能够准确地表现在人际交往的过程之中。个性意味着个人拥有自己独有的、可辨别的行为特征，有的个性是先天性的，有的则是后天形成的。

简而言之，个性通常被描述为一个人内在信仰、情感和观念等的总和，是个人相对稳定的、经常表现出来的、本质的心理特征。我们之所以可以清晰地感受到人们之间的差异，是因为这种差异是人的复杂个性造成的，包括人的需求、动机、认知、信念、看法、价值观、自身形象和思维方式等。了解个性是了解消费者行为的必要条件，消费者的个性会直接反映在品牌、产品、服务、购物场所和应用的选择上。当消费者选择某种产品时，往往是因为该品牌与其个性相匹配。

实际上，每一个人都是由许多个自我构成的，不同系列的产品就对应着不同的自我。除了"自我"这一概念本身，很多东西都可以被当作自我概念的一部分。此外，随着自我概念的扩展，服饰、汽车、用品等被用来定义自我。我们通常谈论的个性，如外向和内向、温柔和坚强、乐天派和悲观主义、活泼和冷静、自尊心的强弱等会有不同的表现形式。企业在制订销售策略的过程中，应当对个性进行深入研究和思考。

（二）个性的测量

心理学家通过个案分析、自然观察、问卷调查、谈话、心理测试和实验研究等方法对个性进行了研究。具体而言，对个性进行测量的方法主要包括下面几种：

第一，奥尔波特人格理论。心理学家奥尔波特（Allport）列出了一个包含各种个性的清单，并且认为这是个性的基础，我们可以通过这个清单，评估和测试个性。不过这种方法的缺点是无法确定何种性格是最重要的。

第二，卡特尔人格特质理论。该理论评估多种个性，根据结果划分关键个性。根据卡特尔（Cattell）的分析，个性包括 16 个要素：易相处、机智、情绪稳定、随意性、武断、负责任、冒险、善良、多疑、幻想、精明、理解能力强、自立、热爱体验、克制和紧张。

第三，艾森克人格理论。艾森克（Eysenck）认为在提炼个性时，可以将其分成三个方面：外向性、冲动性和情绪的不稳定性。

第四，大五人格理论。心理学界认为可以用五种性格要素来解释个性，这五种要素包括：开放、外向、和蔼、情绪不稳定和负责。

个性理论主要依靠定量性指标来区别人的个性或特征。例如，根据人们社会活动的频度（外向倾向）来划分不同人群。与消费者行为相关的特征有创新力（指人们对新事物的接受程度）、自我意识能力（指人们对自我的驾驭程度）和认知需求（指人们思考事情的倾向，即为了得到关于品牌的信息而做出必要的努力）。不同的特征将大多数的消费者划分开来，个性特征理论有助于对市场进行更细的划分。例如，假设生产汽车的企业可以确定符合某种特性的消费者会倾向于选购哪种类型的汽车，那么这将对于汽车的生产制造大有好处。

二、消费者态度概述

（一）态度的基本概念

态度是一个社会心理学术语，指的是人们对事物和事件所持的倾向。从逻辑的角度看，各种态度都是假设性的概念，也就是说，我们可以认知态度，但并不能客观地观察到它。态度的概念源于人们试图用个人行为来解释所观察到的普遍现象。

简而言之，态度就是一个人对于人、事、物和某种观点的感受和评价。态度具有持久性，因为它可以维持一段时间；态度也具有普遍性，消费者的态度在狭义上可以指与某产品相关的行为，在广义上可以指与消费有关的活动。

人并不是一出生就对事物有各种各样的态度。我们的态度是在学习中、在与自己的需求和满足需求的斗争中形成的。我们的生活经历会对其产生影响，我们的家庭、交际圈及社会阶级也会影响态度。另外，还有其他因素对其形成产生作用，如洞察能力、价值观、行为和观念等。消费者对产品的态度可以通过多种方式形成，然后固定下来，商家在社交媒体上投放的广告及亲朋好友购买使用后的推荐等都会对消费者的态度产生影响。

（二）消费者态度

消费者态度就是消费者对物品、属性、利益的情感反应，或者说是消费者对消费对象和与之相关的东西所做出的正面或负面的回应。态度是比较稳定的，一旦形成，就会持续很长一段时间。首先，态度是一种情绪的表达。其次，态度是情绪和认识相结合的产物。美国学者罗森伯格（Rosenberg）指出，对态度对象的情感回应，是基于对事物的认知和信仰。所以，态度既包含情感成分，又包含认知成分。

态度是影响消费者消费行为和方式的重要因素。消费者一旦对产品、服务或企业有了一定的了解，在采购时，势必会影响他们的购买决策。通过这种方式，态度可以让消费者更容易地融入一个动态的购物环境中，而不需要去了解和适应新的产品、新的营销手段，从这一点上来讲，形成一种态度，可以满足消费者一部分的消费需求。

（三）态度的功能

消费者对产品的态度一旦形成就很难改变，就像建构了一种消费行为模式，这种模式的功能有以下几种：

1. 效用功能

效用功能涉及最常见的赞美和批评。消费者对产品的态度往往容易形成，如产品给人带来的感觉是否舒服。如果一个人喜欢吃饼干，那么他对饼干就有着积极的态度。直接显示产品优点的广告就反映了效用功能。

2. 自我防御功能

在外部威胁和内部情感下会激发消费者的自我防御功能，从而产生具有防御性的态度。20世纪中期的一项市场调查表明：当时的家庭主妇对于速溶的咖啡有抵触情绪，这是因为她们认为自己是全能家庭管家，速溶咖啡对她们这一形象产生了威胁。

3. 价值体现功能

有些产品具有体现消费者身份的功能，体现了消费者的观念和核心价值。在这一点上，人们对于产品的态度并不依赖于产品的客观优点，而在于该产品对应的是哪种消费人群。

4. 认知功能

人们对于意义、秩序和结构的需求也会形成某些态度，当新产品的出现使人们感到迷茫时，往往会产生此类需求。

一种态度通常包含不止一种功能，不过在这之中只有一种功能占主导地位。企业和商家一旦找出对消费者而言更为关键的功能，就能在产品包装和广告宣传上反复强调此种功能。这可以使消费者对产品的认知更加清晰，而且更能接受。

有一项研究显示，对于大部分消费者而言，咖啡主要体现了其效用功能，并非价值表现功能。曾有咖啡厂家发布的广告内容：××咖啡采用美味咖啡豆，口味浓醇、令人沉醉（效用功能）；还有一条广告内容：咖啡是身份的象征、品味的展现（价值体现功能）。结果是消费者对前一条广告反响更好。

（四）态度要素的量化

由于个人的行为与其对事物的态度关系密切，所以社会学家和心理学家对态度相关的问题非常关注，如态度是如何形成的、态度怎样影响和改变行为。为了量化态度要素，社会学家设计了一个量表，根据测试人员的回答评分，然后通过分析来研究态度。

1. 单一尺度法

对态度要素进行量化的最常见的方式就是询问法，也就是通过询问消费者对产品的态度和感受来评价他们对某事物的态度。这种评价较为笼统，不能提供更详细的信息，只能为调查者提供消费者大体的态度，这种方法通常采用相似的尺度。例如：

您觉得 ×× 商场销售的物品如何？

A.非常好　B.较好　C.一般　D.不好　E.非常不好

2.多维尺度法

在某些涉及隐私的情况下，消费者有可能不想将自己的真实态度表达出来。这个时候就需要使用一些间接的方式，比如把问题细分成多个方面，这样可以使消费者意识不到自己处于被评价过程中。除此之外，消费者对于事物的态度是复杂和具体的，是由多个方面组成的，如果想要获得更多详细的内容，就要从各个方面来调查消费者的态度。量化态度要素的表通常是由相关的项目和叙述组成的。

例如，多个研究人员度量某个问题各个方面的评价，然后将其整合成综合评分。

我购物的商场只销售质量好的物品。

我购物的商场里面很整洁。

我每次来都能买到很好的物品。

A.非常同意　B.较为同意　C.基本同意　D.不同意　E.非常不同意

不同的编制方式将态度量表分成了三类，包括哥特曼量表、瑟斯顿量表和利克特量表。在这之中，利克特量表影响力较大并且较为流行。下文简单陈述了瑟斯顿量表和利克特量表的相关内容。

哥特曼量表：由哥特曼（Guttman）提出。哥特曼量表是单维的，即量表自身结构中存在着某种由强变弱或由弱变强的逻辑。因此，其不会像利克特量表那样形成分数相同而态度结构形态不同的现象，它的每一个量表总分只有一种特定的回答组合与之对应。

瑟斯顿量表：由瑟斯顿于 1929 年提出。这个方法先是整合相关的叙述和项目，然后请评价人员将其分类（从非常不同意到非常同意），之后通过删减和选择，最终将其整理成一套大概包含 20 条意义明了的陈述。这种方法的主要创新点在于瑟斯顿提出了多个层次。

利克特量表：由利克特（Likert）在 1932 年提出，相较于瑟斯顿量表，此种测量法更为简单。研究人员只需把各个项目的评价相加，最后得出总分即可。这种量表与瑟斯顿量表相同的地方在于，它也是由叙述构成的；不同之处在于，利克特排除了中间的选择，也就是说被提问者不得不做出清晰的选择。

对态度要素进行量化的方法有助于企业或品牌了解消费者对自身的看法，有助于企业提升市场竞争力和自身形象。

三、消费者个性、态度与参与企业社会责任共创的关系

目前，企业社会责任正受到消费者的质疑，消费者可能会质疑产品和品牌背后的企业是否履行了企业社会责任。在这种情况下，消费者就会去了解企业，并根据企业所承担的社会责任做出是否购买的决策。如果一家企业缺乏企业社会责任战略，消费者就会通过拒绝购买该企业产品对其施加压力。因此，消费者会了解社会和环境问题，要求公开有关企业社会责任的信息，并在购买产品时将这些信息纳入其购买决策中。消费者逐渐认识到，企业社会责任在高度发达的社会中是必不可少的，消费者也是企业行为是否合法的见证者。因此，消费者就成为企业社会责任的重要利益相关者，也就意味着消费者有必要参与到企业社会责任共创之中，而消费者的参与程度与他们的个性和对企业、品牌的态度有直接的关系。

（一）个性与共创的关系

许多消费者在参与企业社会责任共创的过程中展现了他们的个性。热情、易冲动、道德感和正义感强的消费者会更加积极地参与到共创之中，他们也会发表意见和评论来影响周边的人，让大家一同加入。

个性对购买的产品也有着很大的影响。在购买时，消费者的购买行为会

反映出个性和产品的一致性，因此企业往往会把自己的产品与消费者的个性联系起来，从而使产品愈加个性化。随着互联网时代的到来，用户个性化的在线定制等方式越来越受到企业的重视。意大利一家玩具商店通过互联网向消费者展示他们店内的商品，并按照消费者的需求进行个性化定制。这种基于消费者喜好和个性化的产品设计方式，极大地减少了企业的成本和存货，同时增加了消费者的满意度。

产品的个性与产品、服务、颜色息息相关。举例来说，饮品的主要消费群体是具有活力的年轻人，饮品的包装会使用象征自由和活力的颜色。颜色是消费者对产品的第一印象，也是最能反映消费者个性的因素。男人喜欢选择深沉、低调的颜色，女人则偏向于选择活泼、新颖的颜色，这是因为男人和女人个性不同。

（二）态度与共创的关系

消费者态度是指在了解、接触特定企业、产品、品牌的过程中产生的一种心理取向，它包括情感取向、认知取向和行为取向。一旦消费者对某种态度产生了一定的看法，那么他们就会采取相应的态度来对待某个企业、产品或者品牌，负面的态度会使消费者产生逃避的行为，而正面的态度会引起消费者主动的行为。很多关于企业社会责任和消费者态度的研究显示，在消费者认识到企业社会责任行为或从不同的渠道了解到他们的社会责任倡议时，他们会把企业看作是一个有社会责任感的企业，从而更容易接受企业开展的社会责任活动。然而，那些未承担社会责任的企业，会面临来自消费者的负面影响，由于企业的行为日益暴露，消费者对于企业的社会责任诉求存在疑虑。综上所述，一方面，无论是短期或长期的社会责任，都会给企业带来巨大的收益；另一方面，社会责任的执行也会面临更为严峻的市场环境。

消费者在选择产品时做出的决定，这主要取决于消费者对产品的主观印象。因此，消费者的态度在很大程度上决定对产品的选择。

消费者的态度可以分成两类：一是产品态度，二是广告态度。产品态度是指消费者对于不同产品的感受与评估，包括对产品的态度、看法和产品所带来的心理满意度。产品满意度越高，消费者对产品的偏爱程度就越高，从而对产品的忠诚度越高。

广告也会影响消费者的态度。影响广告态度的主要因素：消费者对广告的熟悉度、广告传达的情绪、消费者对广告的接受程度等。广告能否准确、有效地向消费者传达产品信息，取决于广告的传播方式和消费者对广告的态度。调查结果显示，消费者所接收到的信息会影响其对广告的态度，而消费者所接收的有用信息越多，则越容易形成良好的广告态度，而广告态度则会对其产品态度产生明显的影响。

在广告态度对产品选择的影响上，存在两种不同的看法：一种看法是消费者的广告态度与产品的选择没有直接的联系，不过广告态度会对产品态度产生影响，产品态度会影响产品选择；另一种看法是消费者的广告态度和产品态度会直接影响消费者的购物意向。不论从哪个角度来看，广告态度和产品态度都对产品的选择有重要的影响。因此，在关注传统的营销战略的同时，如何利用企业社会责任活动产生正面的消费者态度对于企业而言尤其重要。

目前，关于企业如何在企业社会责任中发挥作用，已有很多的研究，如何丰富企业社会责任的形式、提高企业社会责任执行的效率，是当前企业所要面对的一个重大课题。消费者在社会责任中的作用发生了改变，企业社会责任共创已经成为一种越来越受欢迎且切实可行的方式。然而，对消费者行为的内在机制的研究却很少，加大对这种现象的深入分析，可以更好地引导企业的行为，产生更多的社会价值。

（三）虚拟企业社会责任共创互动路径对消费者的影响

互动性是虚拟企业社会责任共创的核心，是实现协同创造价值的行为轨迹，是指用户与媒体环境之间的资源交换，现有的互动研究主要集中在互动水平和类型对消费者态度的影响上，但很少有研究将互动与企业社会责任活动直接联系起来。在新媒体环境下，互动理论指出，互动特征是影响消费者互动质量的重要因素。社区互动特征主要包括媒介结构、功能特征、享乐特征等，这些互动特征在学术上也被称为互动路径，互动路径积极影响消费者对社区活动的感知和评价，这是消费者参与虚拟企业社会责任共创的重要因素。

互动路径强调虚拟社区或活动的结构和功能特征，如虚拟社区信息的可访问性、快速搜索的方便性和可靠性等。体验路径强调消费者的情感体验，如通过虚拟社区在消费者之间开展的社交网络社区活动和其他消费者参与企业社会责任活动过程中的个人感受等有助于提高消费者使用社区平台的质量。消费者在虚拟社区中的互惠行为，是其参与虚拟社区的重要驱动因素。消费者认同是消费者与企业之间的忠诚关系，是衡量虚拟企业社会责任共同创造价值的重要因素之一。消费者可以获得更多信息，获得更快的反馈，获得更高水平的认同。虚拟社区的结构特征可以提供给消费者有价值的信息，并影响消费者对企业社会责任活动的感知和评估。从虚拟社区获得乐趣的个人更有可能为虚拟社区做出贡献并参与社区活动。

1. 对消费者自我构念的影响

不同自我构念的个体对同一事物有不同的认知、偏好和行为，不同互动途径的虚拟企业社会责任共创对消费者态度和行为的影响也会受到消费者认知的影响，共创会影响他们的心理感知，消费者会对与自身相符的活动更积极。消费者自我构念用于解释个体如何看待自身与外部环境之间的关系，可以分为相互依赖的自我构念和独立的自我构念。独立的自我构念认为，自己具有独特的属性，较少关注外部环境信息，强调自我呈现；而相互依赖的自我构念认为，自己与外部环境有很强的相关性，个体的重要性大于外部环境。

对个体信息加工模式的相关研究表明，不同自我构念的消费者具有不同的信息加工模式，独立的自我构念的消费者受外部信息的影响较小，而相互依赖的自我构念的消费者更关注信息背景；对广告信息的研究表明，独立的自我构念的消费者对情感性广告信息有较高的购买意愿，而相互依赖的自我构念的消费者对客观的功能性和属性广告信息有较高的购买意愿。

在具有不同互动路径的虚拟企业社会责任共创中，结构路径强调活动的功能性，这有利于实现个人参与虚拟企业社会责任共创活动的责任目标；体验路径强调参与活动产生的快乐情绪和体验感，这有利于消费者的自我表达。相互依赖的自我构念的消费者更关注社会环境的背景信息，即虚拟企业社会责任共创活动的结构路径；独立的自我构念的消费者更关注自身感受，即虚拟企业社会责任共创活动的体验路径。当互动性和自我构念的一致性越高，消费者越容易处理信息，对企业社会责任活动的接受程度越高，认同感越强。

2. 对消费者感知的影响

相关理论和研究表明，企业社会责任活动的互动路径会影响消费者对企业社会责任的感知。例如：互动理论提出，信息质量、个人或情境特征会积极影响消费者对社区活动的感知；感知价值理论表明，消费者在收到企业社会责任活动信息后，会形成对企业社会责任活动的整体效用感知和评价，即企业社会责任感知度。从社区互动特征的角度来看，社区的结构、功能和享乐特征会影响消费者对社区的感知，即互动路径会影响消费者身份认同，消费者对企业社会责任的感知会影响他们对社区虚拟企业社会责任共创的认同。认知—情感模型认为，企业社会责任感知是消费者感知的主导因素，而认同只是消费者的情感反应，消费者认同取决于消费者感知。戈弗雷（Godfrey）认为，基于企业社会责任行为的光环效应，消费者对企业社会责任的感知对消费者身份认同有积极影响，企业社会责任感知水平越高，消费者的身份认同程度越强。

3. 其他影响因素

让消费者承担起在企业社会责任共创中的新角色是一项挑战，目前还没有太多的研究。有学者指出，企业对于社会责任的履行可能只是一种操纵性策略，社会承诺只是假装的，不是真实的。因此，消费者只有了解企业社会责任战略，才能愿意为认真履行社会责任的企业制造的产品支付额外费用。

根据调查研究显示，当消费者想要负责任地行事时，可以发现三种类型的障碍。①动机障碍，发表政治声明的意愿取决于自我认同和感知效能。②认知障碍，获取信息的机会及处理、存储和回忆产品信息的能力。③行为障碍，寻找公平购买产品的机会和能力。贝克曼（Beckmann）等人认为，负责任的消费不是一个简单的决定，关于负责任的消费，还可以通过消费者所处企业的价值观来确定影响消费者决策的因素。根据相关的研究表明，企业价值观不仅影响其员工在工作环境中的行为，还影响其在工作环境之外的行为。

第二节　虚拟企业社会责任感建立与履行

一、虚拟企业社会责任感建立与履行的理论基础

（一）期望理论

期望理论是北美知名心理学家弗鲁姆（Vroom）于 1964 年提出的。该理论的方程式表明，人们的动机是由期望和效价之积决定的。期望是根据个人经验判断达到目标的程度，效价是指实现目标的价值。换句话说，一个人对自己的目标有越大的信心，他的成功概率就会越大，他的动机就会越强，他的工作热情就会更高。后来，许多学者将这一理论运用到消费者的行为研究中，不同的消费者（教育程度、收入水平、购买经验等）之间会有很大的差异。基于期望理论，学者对企业社会责任的影响进行了大量的研究，结果表明，消费者对企业社会责任的反应程度与消费者的心理期望和行为的一致性有关。

另外，随着公众期望的不断提升，消费者将会倾向于处罚那些没有社会责任感的经营者。因此，企业必须积极履行社会责任，以迎合消费者等利益相关群体的期望，进而提高企业自身的社会形象，获得更好的发展。总的来说，消费者对企业社会责任的心理期望会影响消费者对企业的认同或反感。

（二）归因说

归因是指人们根据相关的信息和线索，对自己看到的事物做出判断，从而得出一个结论，即人们利用信息来了解周围的事物。归因有两种：第一种是内因，即根据行动者内在的因素进行因果的推理；第二种是环境归因，即根据行动者外在的因素进行因果的推理。王登峰、侯玉波指出，在东方社会，人们更倾向于使用情景归因进行理论分析。

当消费者对企业的行为进行归因分析时，往往会把企业的激励机制归咎于自私（与企业的潜在利益相关的）和利他（与企业之外团体的潜在利益相关的）。一些学者将归因理论应用到消费者反应和企业社会责任的研究中，发现消费者对企业的社会责任归因会对他们的产品态度和购买行为产生影响。归因理论为消费者质疑社会价值提供了一个框架，可以更好地表现消费者对社会责任的态度和行为倾向。

（三）理性理论

理性理论是一种通过一定的逻辑推理来进行决策的理论。

"经济人"假设是经济学中关于个人行为的基本假设。该假设认为，行为主体寻求最大利益，也就是说，人们的行为选择往往是经济的和合理的。新古典经济学从三个方面阐释了个人行为选择的经济学原因：一是自利性假设，这种假设认为所有经济活动的基本出发点都是人的自利本性，这也是个体行为选择的逻辑起点及根本动机；二是极大化原则，注重的是个体追求自身效用最大化，个人的理性选择必定会导致边际收益和边际成本趋于相等；三是一致性假定，即个人避免与他人发生利益冲突，并尽可能与团队中其他人的行为保持相对稳定和一致，这是个体以追求效率最大化为目的的行为。西蒙（Simon）在 1978 年提出了"有限理性"的概念，解释了在复杂的环境和不确定的情况下，个人的次优抉择。随着制度经济学的兴起，人们对个人行为的选择做出了更深层的分析和解释。其中，最具代表性的是雷德蒙（Redmond）的制度理性，他认为，制度理性是在一定的社会环境下发生的一种合理行为，在这种情况下，个人会将自己对社会环境的认知转化为自己的行为准则和习惯，并根据自身信仰和在公众舆论的压力形成内部心理约束。

社会学对理性理论的阐释。社会学把每个人都界定为"社会人"，也就是说，个人的行为选择受到了社会环境的限制。典型的是帕森斯（Parsons）的"社会行为说"，他在《社会行动的结构》中提出单元行为是社会行为的基础。单位行为具有以下特征：有行为主体、有行为目标、存在特定行为环境（包括行为主体可以控制的手段因素和不可控因素）、行为准则倾向，单位行为是由目标、手段、条件、规范等因素组成的。每个行为都与主观意图有关，并在行为中形成自愿性因素。

二、虚拟企业社会责任感建立与履行的意义

（一）企业建立与履行虚拟企业社会责任感的影响因素

有关企业社会责任的影响因素很多，但从国内外相关文献中可以看出，企业的组织特征、企业领导者、制度文化等因素对企业社会责任的影响是比较显著的。

1. 企业组织特性因素

企业组织特性因素包括企业规模、行业特征、财务状况等基本特征。在这些因素中，企业规模对企业社会责任的履行起着重要的积极作用，尤其是在企业的社会责任披露方面，企业规模越大，就越能获得公众的关注。一般来说，公众认知度高、对环境影响大的机构相对于其他产业，会更多地披露企业社会责任的信息。企业的财务状况对企业社会责任也起着很大的作用，越是高负债的企业，越是需要披露企业与债权人的关系，这样才能保持企业的资本结构稳定，降低企业的资本运作成本。资本市场具有一定的规律性，企业的股东规模越大，其所持股份的资本越少，越易向少数股东集中，因而削弱了企业社会责任。另外，股权结构、企业治理等因素对企业社会责任也

有一定的影响。

2. 企业领袖因素

企业领袖因素最主要的是个人的价值取向，企业领袖的价值观念对企业的道德环境有很大的影响。安科纳迪斯等学者认为，不同层级的员工对企业社会责任有不同的认识，其中最主要的差别就是在企业的财务责任上，而中高层与基层员工之间存在很大的差别，在道德、法律、慈善等其他责任上则差别很小。

3. 制度文化因素

许多研究都认为，企业社会责任是一个全球的概念。但是，有些学者认为，由于所在国家和地区的不同，企业社会责任也会表现出很大的差别。平克斯顿与卡罗尔深入访谈了七位发达国家的跨国企业总裁，发现卡罗尔的金字塔结构与大部分国家的企业社会责任观念相吻合。卡罗尔金字塔的架构是由下而上的，层层递进，对企业社会责任的要求也越来越高；维瑟以非洲地区为例，利用卡罗尔的"金字塔"理论进行实证分析，结果表明，欧洲国家和非洲国家在企业社会责任方面存在很大的差异；拉姆萨米以中国为例，用卡罗尔的金字塔模型对企业进行了分析，结果表明，这种金字塔对中国企业社会责任也有着相同的作用，但是在四个层面上的重要性却存在明显的差异，这一点与平克斯顿和卡罗尔的研究结果基本吻合；马顿和莫恩的研究表明，由于经济体制的差异，无论是在市场经济国家还是在计划经济国家，企业社会责任都表现出了明显的"内隐"和"外显"之别。企业社会责任在一定程度上也会随着时间的推移而发生变化，如 Web2.0 时代的企业社会责任应该具备扩展、响应、创新、全球本土化和循环的特点。

（二）企业建立与履行虚拟企业社会责任感的途径

在当前日益激烈的市场竞争中，企业强烈寻求差异化发展和树立良好的企业形象，实现这些目标的途径是消费者参与企业社会责任活动。消费者参与企业社会责任活动是否会提高这些活动的有效性仍然不得而知。虽然没有发现活动对消费者的认知有普遍影响，但并不意味着这种影响不存在，正如互动路径所显示的，这种效应与消费者有强烈的动机去寻求感官愉悦有关。有研究表明感官愉悦的动机在消费者反应中起着重要作用，也表明让消费者参与会带来更积极的结果。

1. 利用媒体丰富性和自我展示

企业社会责任共创将对社区认同产生积极影响。共创对社区认同的影响将受到对话平台的两个要素的影响：媒体丰富性和自我展示。首先，对话平台的媒体丰富性将放大共创对社区认同的影响，消费者通过媒体参与企业社会责任共创，可以与企业和其他消费者进行有意义的互动，丰富的媒体平台使虚拟对话参与者能够充分表达他们的价值观，进一步激活社会认同过程。其次，对话平台的自我展示能力将增加消费者的社区认同感，能够使他们就一系列社会问题和环境问题交换观点、偏好和愿望，并鼓励他们与对话之外的人进行交流。虚拟企业社会责任对话的显著元素（如帮助有需要的人、关心环境）通常是社会认可的，群体的身份可能更有吸引力。因此，当参与者以"宣传"自己身份的方式共同创建企业社会责任时，或者当平台允许参与者查看其他参与者的价值观时，共创就开始了。有趣的是，大多数研究认为共同创造和认同之间具有因果关系，而一些研究发现，社区认同感能增强成员参与社区的意向。

对话平台的媒体丰富性调节了企业社会责任共创和社区认同之间的关系，随着媒体丰富度的增加，企业社会责任共创对社区认同的影响将增加。企业社会责任共创对社区认同的影响还受到对话参与的影响。对话参与的自主性可以放大共同创造对社区认同的影响，这一预测与调查结果一致，即当社区不受企业直接影响时，社区参与者更信任社区。回到企业社会责任的背景下，随着虚拟企业社会责任对话参与的自主性增加，参与者的信心将增加，因为第三方信息的可信度将提高。此外，随着虚拟企业社会责任对话参与的自主性增加，社区的显著性将增加，参与者作为一个独特的有凝聚力的群体，对参与者而言将变得更加有吸引力。

虚拟企业社会责任对话参与的排他性也有望对社区认同产生积极影响，虽然听起来有点违反常规，但这种推理背后有着实质性的原因。长期以来，社会认同理论家一直认为，当一个群体变得太大时，很难确定群体成员的组织结构，为了让一个社区变得有吸引力，现有成员的特征必须是一致的，因此会产生排他性，排他性使个人对群体的轮廓有了更清晰的认识。但由于团队成员背景不同，他们看待问题的视角不同，所处的地点也不同，参与者很难用团队进行自我定义。研究还表明，群体成员的群体效能感随着群体规模的扩大和包容性的增强而降低，即使在群体效能感实际增加的情况下也是如此。

总之，共同创造对社区认同的影响，受对话参与的两个因素影响。①对话参与的自主性调节了企业社会责任共同创造与社区认同之间的关系，企业社会责任共同创造对社区认同的影响将随着自主性的增加而增加。②对话参与的排他性调节了企业社会责任共创与社区认同之间的关系，企业社会责任共创对社区认同的影响将随着排他性的增加而增加。

2. 提高消费者期望

联合创作文献主张对企业与消费者的接触进行动态概念化，这一概念是说，消费者使用与企业当前和之前的接触作为模拟未来接触预期的手段，这些消费者期望被描述为"相信概率"，关系到企业未来将如何行事。消费者共同创造价值会提高这种期望，因为它们会产生信任，并发出企业成功的信号致力于与消费者合作，以确保其满足消费者需求。这种情况表明，当一家企业达到或超过预期时，最新的服务水平将成为下一次遭遇的新标准。为了竞争，企业必须在满足消费者不断提高的期望方面超越竞争对手。

现有的企业社会责任研究发现，消费者不仅将企业社会责任活动解读为评估企业的手段，还将其解读为企业未来行为的信号。因此，我们引入了企业社会责任期望的概念，并将其定义为消费者对企业通过其社会责任能力改善社会福利能力的信念概率。根据现有的企业社会责任文献，我们认为企业社会责任期望由两个子维度组成，一个子维度与企业社会责任参与的社会影响（即企业社会责任绩效）有关，另一个子维度与企业归因的企业社会责任动机有关。与营销思想一致的是，企业社会责任期望具有预测性和规范性，它们不仅涉及股东认为企业将如何行事，还涉及企业应该如何行事。

　　虚拟企业社会责任对话中的共同创造将提高消费者的企业社会责任期望。首先，通过虚拟企业社会责任对话中的消费者共同创造，企业可以利用消费者的专业知识来设计相关且有效的企业社会责任计划，从而提高消费者对此类计划产生更大社会影响的期望。其次，通过邀请消费者共同创建企业社会责任活动，此类虚拟对话向消费者发出信号，表明企业是开放和透明的，并且可以促进社区认可、增进社会福利，从而提高企业社会责任参与的可信度。最后，虚拟企业社会责任对话的一个关键方面与消费者和企业社会责任倡议进行的对话有关，一些消费者在充当企业的传道者。这种由消费者主导的企业社会责任沟通被认为比企业提供的信息更可信、更有说服力，从而使更多的消费者期望企业真正关心社区和社会福利，并通过其企业社会责任计划发挥作用。企业社会责任期望在消费者对企业社会责任的反应中起关键作用，因为期望会影响消费者对新信息（如新的企业社会责任倡议）的解释及对企业社会责任信念的坚信程度。

　　企业社会责任共创将提升股东对企业社会责任期望。企业社会责任共创能在多大程度上提高企业社会责任的期望，这取决于所使用的对话平台的媒体丰富程度。更具体地说，有与媒体丰富度较低的对话平台相比，媒体丰富度较高的虚拟对话平台可以使消费者获得更好的体验感。如前所述，更加丰富的虚拟对话平台促进了企业和消费者之间的同步双向互动。在企业社会责任中，媒体丰富性对绩效、消费者满意度和忠诚度有积极影响。此外，互动性增强会使得消费者预期增加，因为每一次互动都代表了消费者心中的一个机会，企业可以根据征求到的反馈进行调整。消费者的共同创造是一个复杂且相互依赖的过程，因此需要丰富的媒体平台来最大限度地发挥这种共同创造活动的作用。尤其是媒体的丰富性增强了互动过程，通过互动过程，企业将消费者的投入纳入企业社会责任计划，这有助于实现更有利的消费者期望。总的来说，虚拟企业社会责任对话中的共同创造越多地利用媒体，就越能提高人们对企业的期望，使人们相信企业会以对社会负责的方式行事，即媒体的丰富性调节了企业社会责任共创和企业社会责任期望之间的关系，随着媒体丰富度的增加，企业社会责任共创对企业社会责任期望的积极影响将不断增加。

企业社会责任共创对企业社会责任期望的影响也受到对话参与自主性的影响。更具体地说，当虚拟企业社会责任对话迎合自主性强的消费者群体时，对企业社会责任期望的影响将被放大。通过让消费者对虚拟企业社会责任对话拥有更大的控制权，企业应发出至少两个提高企业社会责任期望的信号。首先，表明企业与消费者的互动是透明的。透明度是培养良好的企业社会责任期望的一种非常有效的手段，可以让消费者相信企业在做正确的事情。因此，通过将一些控制权移交给消费者，可以表明企业是本着诚意改善社会福利的，而不是纯粹出于营利动机。可见，由消费者产生的企业社会责任信息比企业控制的对话具有更高的可信度。其次，选择一个更自主的、以消费者为中心的主题，而不是以企业为中心的主题，表明企业在其社会责任工作中利用消费者专业知识的真正意图。消费者通常在紧迫的社会问题及影响较大的社会变革方面拥有独特的能力，以消费者为中心的主题使消费者能够从对话中产生更多有关企业社会责任倡议的有效想法。因此，消费者在自主对话中可以获得最佳的企业社会责任体验，包括对企业社会责任效能和企业社会责任信誉的期望，即更加自主且以消费者为中心的决策通常会产生高效的结果。

自主性调节了企业社会责任共创与企业社会责任期望之间的关系，企业社会责任共创对企业社会责任期望的积极影响将随着自主性的增加而增加。此外，消费者可能会对企业进行社会责任行动的真正动机产生负面的归因，有研究表明，持怀疑态度的消费者积极性较低，因为他们可能会认为该活动具有操纵性，会导致人们对企业的态度较差，即消费者对企业参与社会或环境问题有关的广告主张持怀疑态度。从管理的角度来看，简单的活动可能不足以吸引消费者参与，为了提升消费者参与度，企业应该强调在社会责任活动中寻找乐趣的可能性。企业可以尝试激活消费者的感官愉悦，将社会责任活动推广为一种人人喜闻乐见的行动，随着参与度的增加，这更加有助于消费者产生一种愉快的体验。因此，企业不仅应该让消费者参与企业社会责任行动，也要设计参与式的企业社会责任活动，激发并响应消费者追求快乐的享乐动机。除此之外，企业还应该注意对该活动持怀疑态度的人员。一些消费者倾向于诋毁企业社会责任活动，他们把这解释成试图操纵自己认知的活动，他们觉得，企业社会责任活动之后的真正的动机并非社会导向，而是利益导向。为了最大限度地减轻这一怀疑带来的影响，企业应该向消费者提供更多信息，使宣传活动更具可信度。

第三节　提高消费者参与虚拟企业社会责任共创的积极性

作为企业最重要的利益相关者，消费者的参与对企业社会责任的执行和企业绩效的提高具有积极影响，对提升虚拟企业社会责任活动的影响力和效果，提升消费者的参与意愿具有重要意义，因此企业需要设计活动来号召并引导消费者在互联网上积极互动和表达，提高消费者参与虚拟企业社会责任共创的积极性。

一、企业发挥主导作用

从消费者参与创新经验的角度来看，能力感和自主感为主要动力，其次为自我提升、愉悦放松、自我认同、成就感和社区归属。在创新的过程中，企业应该发挥主导作用，使消费者能够获得更好的创新体验。同样，在进行虚拟企业社会责任的同时，也可以为消费者提供相应的指引，并对消费者的意见和要求做出反应，从而调动消费者的主观能动性，实现企业社会责任共创的价值。

互惠原则指出，企业开展的企业社会责任活动要想多方出力还想多方受益，就要结合企业的理念和使命、社会正在面临的问题和消费者的兴趣点。也就是说，企业要想达成多方的共赢，首先得找到一个结合点。随着人们物质生活水平的不断提升，人们越来越关注自身健康，于是，慢跑逐渐变成了一项全民运动，在路边和操场经常能看到成群结队的慢跑者，为此，有企业推出了适合慢跑者饮用的产品。同时，该企业找到了一个最佳结合点，将消费者的爱好、企业观念和社会现象相结合，发布了"为两个人生而跑"的软件。该软件一经问世，就受到了众多消费者的支持，有很多用户参与进来，媒体也在大力宣传。由此可见，充分考虑消费者的兴趣和需要，可以让消费者对活动的兴致更高，更愿意参与进来；合理结合企业的观念和品牌特性，可以让企业充分发挥本身的优势，而且可以让消费者对品牌的印象更深，在想要购买相关产品时会首先想到此品牌。

二、充分考虑消费者需求

传统的企业社会责任活动对消费者的依赖程度较低，而互联网大数据背景下的虚拟企业社会责任活动则非常关注消费者能否参与其中，这一点也正是二者最大的区别。企业要想提升消费者的体验感，必须认真设计活动内容，赋予消费者参与感和效能感。

简单的活动和复杂的活动各有利弊，简单的活动可以覆盖更多人群，如让消费者在微信朋友圈点赞、评论和转发活动内容等，这种方式更容易让消费者参与进来，但是消费者对活动的感知不深，理解比较浅。较为复杂和有深度的活动可以引发消费者的思考，也能引发消费者一系列的后续行为活动，但是并不能让更多的消费者参与进来，能覆盖的人群少。所以，企业要想设置合理的参与人数和内容，必须充分考虑其传播目的和本身拥有的资源。消费者在参与活动的过程中感受到自身价值时，才会主动了解品牌或企业，从而加深对活动的认知，主动传播和宣传活动，这时，企业才能真正提高消费者的活动效能感。另外，企业可以通过效果数字化的方式提升消费者的效能感。例如，腾讯企业在举办的"暖灯行动"中就使用了效果数字化的方法，它设置了一个进度条，参与的用户每删除一次邮件就能看见自己页面进度条的变化，这种方式让用户可以更加深刻地感受到自己为贫困地区的学校环境带来的变化。

在虚拟企业社会责任中加入游戏元素已是一种潮流。游戏设计的核心目标是利用游戏要素的激励作用来影响使用者的心理和行为意愿。游戏要素可以促进消费者的品牌认同，具有社交、游戏、生命等特性的虚拟企业社会责任创造，可以激发消费者内心的正能量。因此，在实际操作中，可以利用游戏设计的要素，为消费者提供一种沉浸式的体验，从而提高消费者的参与意愿。

三、利用互联网的传播作用

随着互联网时代的到来，人们可以足不出户就能接触到各种资讯。从 Web 1.0 门户网站时代的网页内容，到 Web 2.0 的博客时代，用户逐渐喜欢简短的快餐内容。这反映了现阶段用户对信息的需求，即在有限的时间内阅读有用的信息，所以企业应该把握用户的需要，将其作为企业社会责任的宣传工具。

对于企业而言，消费者通过互联网传播企业的形象和产品是非常重要的，消费者有自身的社交需要，他们也希望可以通过在社交平台上发布图文或视频等有价值的内容来表现自己的价值，企业可以抓住消费者的这一心理需求，深入探索消费者的分享动机，并设计合适的内容。不同的消费者在参与活动后的反响有所不同，大部分消费者会有很多想法可以发表，也有少部分消费者缺乏传播内容。所以，要想加强活动效果，加大消费者的传播力度，企业就要努力设计有想法、有内涵的内容，要充分结合企业理念、用户需求和社会问题，迎合消费者在社交平台的表达需求，从而推动了信息的共享和传播。

除此之外，企业为消费者提供的传播方式最好方便、快捷，在设置传播方式时，企业要考虑如何才能让消费者更快速地转发设计的活动。现阶段，无论是传统行业还是传播行业都要具备互联网思维，对于企业而言，应认真考虑怎样让消费者参与进来，怎样提升消费者的体验感，怎样提升消费者的表达欲等问题，才能更好地促进活动的传播，从而一起创造更多的价值。

运用新媒介进行企业社会责任共创，实现信息高效传播的目标，主要包括以下两个方面内容：

第一，强调所有人的参与。沟通并非自上而下，而是要让公众参与，使交流成为"人人参与、多元融合、即时互动"的社会关系。

第二，品牌定位。建立一个定位明确、富有差异化的品牌，以品牌标识、品牌形象表达企业的使命、愿景和价值观，对传播企业社会责任非常重要。

第四章　消费者参与虚拟企业社会责任共创作用机制分析

本章内容为消费者参与虚拟企业社会责任共创作用机制分析，分别从影响消费者的行为动机、研究过程、消费者参与虚拟企业社会责任共创活动的作用机制与意愿三个方面进行了阐述，希望能够给更多领域的研究人员带来帮助。

第一节　消费者的行为动机

随着时代的进步，消费者的话语权不断增加，消费者的态度也逐渐由被动转向主动，从"接受者"向"创造者"的这一转换，突破了以往企业对消费者的认知。最初，人们认为，消费者参与是一种干涉企业产品服务体系的行为，会降低企业的生产效率。但是，在观念的改变和实践的推进下，企业逐渐发现消费者能够为企业的生产做出贡献，这一点也得到了学者的认同。洛夫洛克（Lovelock）等人从产品服务的角度出发，首次提出利用消费者来提升企业生产力，这在一定程度上改变了消费者和商家的互动方式。此后，有关消费者参与行为的研究逐渐受到学术界的重视。

作为社会参与主体的消费者，在社会责任意识、企业生产和运营的影响力日益增强的今天，已经逐渐成为 CSR 的主体。在企业社会责任共创中，企业不只是社会价值的创造者，消费者也不只是企业所公开的企业社会责任信息的被动接受者，而是参与企业社会责任活动，与企业共同创造价值的关键主体，消费者可以主动地为企业提供一定的资源来创造企业社会责任的价值。

消费者是企业最重要的利益相关者，因此企业在社会责任共创活动中应注重发挥消费者的主动性，积极探索激发消费者参与社会责任共创的动机，因为只有充分发挥消费者对企业社会责任的兴趣和自主权，才能更好地理解消费者的真实需求，从而使企业社会责任的价值创造更符合消费者的喜好，达到社会价值的最大化。

这是一个企业社会化生存的时代，更是信息被快速制造、迅速传播的时代。因此，无论一个企业是大是小、生产制造何种产品，积极承担起社会责任对企业而言至关重要。然而，在传统的企业社会责任活动中，许多消费者对企业社会责任活动并不感兴趣，总是被动地获取信息，对这些活动的评价也不理想，甚至有一些企业的社会责任活动未被消费者理解。可见，让消费者参与企业社会责任活动并不是一件简单的事情。因此，如何让消费者参与到企业社会责任共创中，已成为一个新的问题，要解决该问题，就要了解消费者的动机。

一、动机

动机是生物产生行为的根源，一直受到学术界的关注。从心理学角度来看，激励是一种心理倾向或内在动力，它可以促进行为的产生和保持。简单地说，动机是一种内在的动力，是一个人参与某种活动的主观意愿，受个人需要的驱使，具有引发、推动和维持的功能。关于动机理论的研究不断被发展与完善，从 20 世纪 30 年代起的本能论、需要论、诱因论、驱力论等，到 20 世纪 60 年代提出的联结论、归因论、成就动机论和认知论等，再到 20 世纪 80 年代至今的自我效能论、预言论和自我决定论等，已经形成较为系统的理论研究体系。近年来，有关动机的研究主要集中在对动机的认识上。

一些研究着重于自我效能论、自我决定论、预言论、自我扩张论等，自我观念在激励过程中的影响越来越明显，并且越来越多地与不同的认知变量相联系。个人行为的动因是一种复杂的内部心理活动，难以理解。但是个人的行动是显性的，可以被直接观察到，所以人们往往会从具体的行动中发现其背后的动机。

二、消费者的参与动机

行为活动经常会受到某些动机的支配，消费活动就是如此。一般消费动机包括价值、情感、标准、习惯、认同等。动机是一种内在的力量，它刺激并促进行为反应，并指明了该反应的具体方向，动机是人们做事的缘由。在探讨消费动机时，首先要了解的就是消费者熟悉并认可的动机，如"它们很受欢迎""它们对我来说很合适"，这种动机是显而易见的，可以称其为显性动机。不过，符合社会价值观的动机比与之冲突的动机更容易被认同，那些与之冲突的动机就是隐性动机，是指消费者没有意识到或者不愿承认的动机，也可以被称为隐含动机。

（一）消费者参与企业社会责任的动机

在企业社会责任的共同创造中，消费者的参与动机是企业社会责任的重要组成部分。但是，消费者参与企业社会责任的共同创造不是单纯的志愿服务，而是包含了不同的个人行为动机。消费者参与企业社会责任的价值共创主要是通过捐赠、参与公益活动、舆论宣传、公益宣传等活动，所以在这些活动的背后，还存在多重激励因素。

在捐赠动机方面，早期的学者首先从内部因素入手，把捐赠动机分成利己动机和利他动机，甚至使两者兼有。部分学者指出，人与人的互动，实质上是以最小的代价得到最大的好处，因而个人在进行公益捐赠时，首先考虑到的是成本与收益的关系，然后再做出决定。托尼·埃利斯彻则认为，大部分的捐赠行为都源自情绪等非理性因素，比如对羞耻的感知、对同一性的感知、对永生的追求，或是其同情心甚至恐惧情绪，这些都是捐赠行为产生的重要因素。

目前，学术界普遍认为，捐赠者的动机大多是出于利己和利他这两种动机，除了自身利益和利他的内在动力，社会规范、价值观、情感和声誉也影响着捐献行为。相关学者根据 500 余份文献资料，提出了以下 8 种动机：需求的意识、声誉维持、利于他人、应付要求、成本和收益的比较、心理上的收益、社会道德相关的规范、效能感。高静华认为，捐赠的动机包括文化、制度、情感和人性四个方面。由此可以看出，人们对捐赠动机的认识并不一致，但可以归结为以下几点。①责任或义务说。认为捐赠是一种公民的活动，有利于国家。②利己说。把捐赠看作是一种交换活动，为自己谋福利。③利他主义。认为捐赠者有崇高的理想和无私的精神。④多元动因说。在复杂的捐赠行为背后，存在多重动机。这一观点得到了大多数学者的赞同，在公共服务项目的自愿参与动机方面，多数学者仍然认为，其动机是一种很复杂的综合因素。巴塞尔（Bussell）和弗比斯（Forbes）将志愿者参与动机的理论和方法结合起来，从 8 个方面提出了动机，包括利他的动机、意识形态层面的参与动机、利己的动机、物质奖励的动机、身份奖励的动机、社会关系层面的动机、休闲娱乐动机、个人发展动机。巴塞尔（Bussell）和弗比斯（Forbes）还注意到，在公共事业的志愿工作中，必须以利他为主要动机，而报酬则是其行为的内部需求，除此之外，归属感、获得声誉、社交需要等，都是志愿行动的动力源泉。国内学者也根据我国的国情，对志愿者参加公益活动的动机进行了探讨。吴鲁平运用"扎根"理论对年轻志愿者参加公共服务的动机进行了定性的分析，结果表明，参与动机可分为"责任感""发展""快乐"三个关键字；杨秀木等人在此项研究中发现，获得他人感激是帮助他人的最重要的动机，也是保持互助行为的一种积极的动力来源。

舆论宣传和公益宣传动机指的是运用大量的信息和个人的沟通，在参与过程中对消费者产生积极的作用。相关学者通过研究发现，消费者通过对话参与，感受到自主权和排他性，能够自主决策，表达自己的意见，并寻找志同道合的人；徐颖等人认为，顾客之所以会参加企业社会责任宣传、倡导等信息交流，主要是因为他们的情绪匹配和心理体验，也就是为了获得认同、热情、满意等积极情感体验而参与信息分享。以上的研究均将公众参与的公众舆论宣传和公益倡导的动机归结为利己动机，即满足自我需求和获取快乐的感觉。

（二）消费者参与虚拟企业社会责任的动机

虚拟企业社会责任的共创，是通过虚拟社区等社会媒介实现社会责任的创造，相对于传统企业社会责任活动，虚拟企业社会责任共创具有便捷性、社会性、娱乐性、透明性和生活性等特点，因此必须关注虚拟环境下的消费者参与企业社会责任创造的独特特点。樊帅等人研究发现，虚拟环境中的消费者企业社会责任价值创造受到虚拟社区的认同、在社会上的存在感、自我展示等因素的影响。消费者的企业社会责任共创动机虽然主要是出于身份认同和社会关系，但虚拟环境的互动性、开放性和多样性可以提高消费者的参与积极性。目前，关于消费者参与企业社会责任价值创造的研究很少，以往的研究主要集中在社会认同、社会交往、享乐、自我表现等"利己动机"方面，对于寻求社会福利和价值观支配等方面的"利他动机"研究较为欠缺。另外，消费者参与企业社会责任的互动机制并非一成不变，已有的研究并未发现参与行为的动机发生改变。

（三）动机和需要

动机和需要在很多情况下是可以互换的。因为当消费者感到理想状态与自身实际状态之间存在差异时，就产生了某种需要，这种需要是消费者以动机的形式感受到的。这个概念就意味着，为了实现从动机到行动的过程，需要内部条件（需要）和外部条件（诱导因素）同时出现。因此，我们可以从消费者的不同需要来探讨其参与虚拟企业社会责任共创的动机。

1.消费者的道德需求

随着经济社会的发展和消费者生活水平的不断提高，消费者受教育的程度和综合素质也在不断提升，他们的道德感也随之增强。道德感在生活中发挥着巨大的作用，它能控制我们的想法、规范我们的行为举止。在多数情况下，道德需求可以成为引发消费者行为的动机。当消费者决定购买或不购买某个品牌时，其道德感就是一个重要因素。

有一家机构对124位在超市购物的消费者进行过深入地访谈和对话分析，最终分出了4种类型的消费者：人际关系型、经济型、冷漠型和道德型。道德型消费者就是指消费者在购物时，他们的行为受到道德因素的控制，也就是说，这些消费者更容易出于道德因素来购买企业的产品。例如，该企业的声誉是否良好，企业所制造的产品是不是环境友好型产品，更重要的是，该企业理念是否顺应消费者理念。一家英国机构的研究调查表明，如今有很多消费者在购买产品前会思考很多问题，如该产品的成品多少？产品是怎样被生产出来的？产品在生产的过程中是否对环境、动物等造成了伤害？产品上是否带有参与公平贸易的标签？在过去，消息传播速度慢，这一部分消费者并未引起企业重视，但是随着互联网的发展和公平贸易等活动的开展，企业越来越关注消费者的道德需求。

在企业社会责任活动中，体现了这样一种互联网思维：让消费者可以轻松参与其中，更加关注消费者的体验感，让消费者体会到自己的价值。由此可见，相比传统的企业社会责任活动，消费者更愿意参与到符合自身道德需要的虚拟企业社会责任活动之中。

2.消费者的情感需求

情感指的是人们对于外界刺激的心理反应，如羡慕、嫉妒、悲伤、怨恨等。消费者对产品的喜欢或讨厌都是自身情感的流露，经验丰富的产品运营商一直非常重视这一点，他们往往会通过广告、公关等方式不留余力地挖掘品牌的成长潜力，充分利用消费者的情感需求来提升品牌效力。近年来，我国的市场经济不断发展和完善，广大消费者在购物时也越来越理性，这使得产品销售工作面临前所未有的挑战，也对营销工作有了更高的要求，所以企业的营销方法应不断变化，以满足消费者的实际需求，了解消费者的购物心理。个人关联理论认为，个人对一项活动有一定程度的兴趣时，会给予其特别的重视，同样，当一个活动对消费者而言很重要时，他们会更感兴趣并参与其中。

动机力量包含理性需要、情绪激动和感官愉悦，消费者参与虚拟企业社会责任共创的动机之一就是寻求感官愉悦，从活动中获得快乐的消费者更有可能表现出积极的行为，如给予活动高度评价、在亲朋好友中推广该活动等。企业正在让消费者在虚拟企业社会责任共创中发挥更积极的作用，从这个意义上说，消费者参与是企业获得竞争优势的新途径。

3. 消费者的社会需求

人类属于群居动物，为了获得各种资源以满足生存和发展的需要，本能地会主动向群体靠拢，这种天然的人与群体之间的联系表达了人与人之间相互交流的愿望，这种愿望是人类的最原始的需要，也是基本需要，可以称之"为消费者的社会需求"。消费者参与虚拟企业社会责任共创活动的意愿可分为消费者参与和消费者认同两类。

许多研究表明，由于不同的个人在兴趣、偏好、个性等方面的差异，他们以不同的方式被不同的工作或组织所吸引。此外，当组织更符合求职者的目标和价值观时，个人将更受组织的吸引。个人组织匹配是个人环境匹配模型中最受欢迎的匹配之一，个人和组织匹配是指个人的需求、目标和价值观与组织的规范、价值观和薪酬体系之间的匹配程度，它强调个人特征与整个组织特征之间的兼容性。现有的研究往往侧重于个人特征与组织文化的契合、个人价值观与组织价值观的契合及个人与组织在目标上的匹配。

对于消费者参与，我们可以用"融入"这个概念来分析这个问题。"融入"是组织行为学的概念，是指消费者在品牌参与或接受服务过程中，通过参与企业或者品牌的各项活动而进行共创体验，从而获得不同的心理状态，它的衡量标准是活力、奉献、专注等。需要进一步说明的是，"活力"衡量的是真实参与活动的时间和深度，以参与时间、参与深度为主要参考指标；"奉献"

意味着情感上的融入，表现在消费者在参与活动过程中的精神支持和情感取向；"专注"措的是消费者能否在认知方面达到一定的高度。这三个方面不仅可以作为对消费者参与活动程度的评价标准，也可以作为衡量消费者参与意愿的标准。

针对消费者认同，由于虚拟企业社会责任共创使用网络互动平台的特殊性，消费者对网络互动平台有着天然的亲近感和互动性。消费者参与企业社会责任活动可以成为改进企业和消费者之间关系的一种有效的方式，因为在这一过程中，消费者的身份需要被满足。除此之外，消费者在与企业为了同一个目的而经常进行互动和协作时，可以增进消费者对企业的认同感和团体认同感。在消费者和其他利益相关者共同努力实现企业社会责任的价值时，企业社会责任的群体就是一个具有特殊吸引力的群体，能够激发消费者的社会认同。另外，由于企业社会责任所具有的特点，消费者参加企业社会责任活动时可以产生较高的、持久的社会认同感。总体而言，消费者参与企业社会责任行为可以为消费者提供一种"黏合剂"，使其与团体紧密结合，因此消费者在网络虚拟社区上的表现、需求和体验，显示了消费者更深层次的心理需求和情感联系等，这就肯定了消费者会出于认同，而加强参与虚拟网络平台的意愿。

第二节　研究过程

当前，国内外对虚拟企业社会责任共创的研究还不够丰富，对于消费者参与的激励机制尚无成熟的理论和实证研究，用量化的方法进行实证分析是不现实的。而作为质化研究的重要代表，扎根理论在心理学和管理学领域得到了更多的关注和认同。本节以文献回顾为基础，综合分析了用户参与虚拟企业社会责任的动机和心理机制，运用扎根理论，确定了选取样本的准则及描述了具体情况，详细阐述了数据搜集的流程。

一、研究方法

（一）扎根理论法

本研究采用的方法是斯特劳斯（Strauss）和利宾（Corbin）的程序化扎根理论。现有研究对消费者参与虚拟企业社会责任共创进行价值共创的心理行为尚缺乏清晰认知。扎根理论作为质化研究的代表，由社会学家格拉塞（Glaser）和斯特劳斯（Strauss）等人提出，与一般的质化研究不同，扎根理论有规范的方法论作为支撑，研究过程可以追溯及验证，得出的结论有一定的说服力，因此在管理学领域的关注度和认可度已经得到了广泛认可。扎根理论选择有说服力的案例或访谈对象，运用科学方法，对一手原始资料进行编码和数据分析，并从中提炼中心思想，进行抽象和总结，进而形成一套完整的科学理论，属于质性研究方法。陈向明等人提出，扎根理论通过资料的收集和整理，分析社会现象，提炼本质思想，总结核心概念并分析其内在逻辑关系，自下而上地进行研究，并建立理论模型。扎根理论最初在社会学中被运用，后来又扩展到心理学、管理学、教育学等许多学科，而动机也可以被运用到这一研究中。

本研究以扎根理论为基础，着重于收集、比较和分析质证资料，在此过程中经过分析、对比，可以将得到的内容转化为更为抽象的理论范畴，而这些初步产生的理论范畴也可以成为接下来的数据分析工作的准则，并在此基础上形成新的理论。因此，在扎根理论的指导下，研究人员既明确了研究准则，又有了具体的操作方法，包括开放编码、主轴编码和选择编码。消费者参与虚拟企业社会责任共创是一个长期、动态的过程，在这方面，当前相关研究存在一定的局限性。另外，定量研究通常着眼于一个或几个时间点，对某个活动纵向的时间轴方面的追踪几乎没有效果。本研究选择的扎根理论方法，重点在于研究较大时间跨度的活动，对消费者参与虚拟企业社会责任共创的全过程进行深入的剖析，揭示其内在作用机制，以求找到影响消费者参与其中的动机，从而强化其参与意愿。

（二）访谈法

如何正确地选择研究方法，始终是问题的解决与处理的核心问题，同时要求所选取的研究方法与所要研究的问题相符合。本研究依据各环节的特点，选择了相应的方法：采用深入访谈的方式进行数据搜集；采用动态、归纳、比较等方法进行数据分析。

访谈法主要包括问卷调查和深入访谈。在质性研究中，深入访谈是一种广泛应用于各个研究领域的数据搜集方式，尽管在学术界关于深入访谈法存在一些争论，但是普遍的观点是，深入访谈是一种可靠的方式，即访谈者通过与被访谈者进行沟通，从而了解和获取被访谈者对访谈话题的认识。深入访谈是运用质量学的方式进行数据搜集的主要手段，访谈者可以深入地了解被访谈者对事件的真实看法。另外，访谈的关键不在于谈话者的观点，而在于通过与被访谈者的交流来获取他们对事件的看法和态度，从而加深对访谈事件的理解。本研究以深入访谈方式获取所需资料、以消费者为研究对象，结合虚拟企业社会责任共创的特点，整理出一份访谈提纲，并结合编码，得出虚拟企业社会责任共创中消费者的参与动机和意愿。

二、研究步骤

（一）样本选取及具体情况描述

本研究严格按照程序化扎根理论的规范程序，与被访谈者进行深入沟通，探究消费者参与虚拟企业社会责任共创的内在心理机制和动机，研究对象的选取要符合课题的要求。本研究探讨了消费者在虚拟企业社会责任中的参与动机，但由于其行为与意愿之间存在差异，因此必须对已经发生的行为事实进行调查，才能得出较好的结果。在虚拟企业社会责任共创中，消费者匹配是一个非常复杂的概念，并运用"持续比较"的方法来决定被访谈的人数。

理论取样是指在调查的基础上选择被访谈的人，他们是一个特定的对象，而不是一个有统计学意义的群体。本研究在样本的选择方法上，使用理论取样的方法，选择消费者群体为大学及以上学历、20～40 岁之间（不严格规定）、有一定网络消费习惯的中青年消费群体。这部分人知识水平比较高，参加过虚拟企业社会责任，具有丰富的经验，乐于评论，善于思考，思维活跃，有一定的公益参与意愿，而且对网络互动平台相对熟悉。共有 68 位被访谈者接受了访谈，根据理论饱和原则，本次研究最终确定为 35 名被访谈者。基本情况如下：男性 20 名（占比 57.1％），女性 15 名（占比 42.9％）；年龄 20 岁及以下 3 人（占比 8.6％），24～33 岁 13 人（37.1％），34～44 岁 15 人（占比 42.9％），45 岁及以上 4 人（占比 11.4％）；大专及以下学历 3 人（占比 8.6％），本科 26 人（占比 74.3％），硕士及以上 6 人（占比 17.1％）；月收入 4500 元以下 5 人（占比 14.3％），4501～6500 元 14 人（占比 40％），6501～8000 元 11 人（占比 31.4％），8001 元以上 5 人（占比 14.3％）。从上述情况来看，此样本各项指标分布均匀，代表性强。

（二）搜集和整理资料

本研究是通过深入访谈的方式进行的，组成三人访谈小组，每位被访谈者以一对一、面对面的形式进行访谈交流，时间为 40～60 分钟，访谈内容尽量全面和深入，并采用匿名语音录音的形式进行现场记录，之后再转换为文本形式，以便用专业质性研究软件分类整理。

访谈的内容是由各小组成员和相关专家多次商议决定的，其过程非常严格，访谈的地点通常是在被访谈对象较为熟悉的地点，如在被访谈对象的家中、他们经常出入的咖啡厅和办公室等。在这样的环境下，被访谈者会有一种轻松自在的感觉，更容易对对方产生信任，从而增强其回答的真实性和丰富性。本研究采用以下过程进行定性分析：

1. 预访谈

为了保证访谈效果，在与接受访谈的人进行面对面的深入访谈时，本研究首先进行了预访谈：提前将访谈问题通过各种形式发送至访谈者，使之有心理准备，并预定好正式访谈时间，如果被访谈者同意，则全程录音。访谈者要尽量营造出轻松自然的交流气氛，按照预先拟定的访谈大纲进行访谈，但访谈时要针对现实情况做出相应的调整，以确保被访谈对象回答内容的真实性和完整性。访谈人员在进行访谈后，应尽可能地收集录音和访谈记录，并对所收集到的谈话内容进行分析和归纳，做这些工作主要有三个原因：一是为了确定被访谈对象的人数；二是防止被访谈对象遗漏工作细节，如在访谈中发现了问题，却无法准确地回忆起自己当时的想法；三是在整理访谈材料的时候可以总结经验，从而更好地进行下一次访谈，同时可以避免在以后的访谈中出现类似的问题。

2. 初步整理原始数据

首先，要删除与课题无关的访谈内容。在访谈时，被访谈者可能会滔滔不绝地谈论别的话题；其次，要删除那些与虚拟企业社会责任共创完全无关的内容；最后，要删除那些没有意义的言论。在完成这些工作之后，就到了编码环节。

3. 调整

为了保证资料的准确性和完整性，在整理资料的过程中，如有概念不清或关键内容模糊，要通过电话、微信等形式进行二次访谈；同时，为了降低资料分析过程中出现的主观随意性，本研究引入了质性分析软件——NVivo10.0 来进行资料的编码工作，挖掘访谈资料的范畴、识别范畴的性质及各范畴之间的内在联系。

4. 建立模型

根据选择的编码方法，能够得到核心代码，然后构造一个新颖的概念模型。

5. 检测结果

通过理论饱和度检验，确保该方法能全面、准确、有效地反映被试者的状况。

（三）编码过程及检验过程

1. 开放编码

扎根理论分析的第一步就是编码。开放编码，是整理和分析原始资料的过程，将被访谈者的原始语句进行编码，并根据相关的概念归属对语句进行重组。在这个过程中，应该充分考虑到原始资料中可能折射出来的所有理论。整个访谈过程历时 5 个月（2019 年 3 月 1 日—2019 年 8 月 1 日），总共获得约 500 条原始语句（令其前缀为 "a"）；在剔除没有实质意义的原始语句之后，先确定某语句的 "概念归属"，即将属于同一类别的原始语句概念化（令其前缀为 "A"），形成一个初始概念；然后再将其 "范畴化"，即总结上一步得到的，将具有相同含义的初始概念聚类合并成某一范畴（令其前缀为 "AA"），从而总结出 16 个具体的范畴如表 4-2-1 所示。另外，在编码时要注意：①要认真地录入原始资料，不能有任何疏漏；②尽可能详细地编码，直至达到饱和；③如果有新的代码，必须在下一次的测试中，继续搜集新的数据，并与以前的数据进行比较，有助于研究人员提出新的问题，补充新概念，完善范畴。可以看出，这些 "范畴" 总结和归纳了原始资料的内容，使彼此之间的关系更为抽象化，但各个范畴之间的关系须进一步厘清。

表 4-2-1　访谈资料的开放编码示例

被访谈者原始访谈内容举例（初始语句）	概念归属	范畴化
a3 "真没想到自己的语音居然这么有用"；a109 "原来我们的语音可以变成书啊，太神奇了"	A1 宣传活动；A8 传播图片；A36 传授经验	AA1 信息分享
a151 "就是想知道微信是怎么筛选语音图书的"；a322 "看着我的小树一天天长大，这太酷了"；a412 "为视觉有障碍的人读书，每个人都应该贡献自己的力量"	A12 参与公益；A28 获得成就感；A24 感受细节	AA2 体验过程

（续表）

被访谈者原始访谈内容举例（初始语句）	概念归属	范畴化
a50 "我是从农村走出来的，关爱农村教师的活动，我想知道更多"；"妈妈说我参加这个活动她为我点赞"	A34 他人认可；A35 自我展示	AA3 人际交流
a199 "自从我的评论获得了'最佳'，我每天都要去看一看"；a208 "网上很多喷子，说我们吃饱了没事干，我就是要传播正能量"	A26 发表意见；A11 参与创造	AA4 自我展示
a254 "参加的人多了，肯定会有效果"；a307 "整个活动时间挺长的，需要持续关注才可以，正好磨炼下意志。做公益，真不容易"	A9 重在参与；A32 持续跟进	AA5 务实形象
a470 "你知道吗，蚂蚁森林 3 年种了 1.22 亿棵真树"；a88 "我觉得我们每一个人都对这个社会负有责任"	A14 感恩社会；A20 爱护环境；A6 节约资源	AA6 公益形象
a206 "我要做第一个转发的"；a399 "我有好多关注我的人呢，简直可以用一呼百应来形容"	A13 引领潮流；A39 激发需求；A4 彰显实力	AA7 领袖形象
a58 "微信团队做的语音图书的切割技术真的强"；a111 "其实在技术上我们团队也可以做，就是缺乏创意"	A10 技术剖析；A21 同行评议	AA8 专业形象
a129 "还能赚不少积分呢，一般人我不告诉他"；a455 "通过支付宝的蚂蚁森林活动，我得到了国家颁发的证书"	A22 实物回报；A40 聚集热度 A5；精神激励	AA9 功能价值
a210 "看网上那么多人都热心公益，为每一个人自豪"；a355 "我觉得通过网络推广挺好的，我平时也没时间出去"	A30 资源整合；A15 正能量；A43 公众凝聚力	AA10 社会价值
a407 "我做志愿者好几年了，我经常发动周围的人参加"；a25 "你别小看这些活动，它从概念到策划到实施其实很有学问"	A7 确定地位；A25 彰显专业；A23 明确定位	AA11 身份价值
a7 "这个互动界面太好玩了，和玩游戏差不多"；a209 "我从小就喜欢播音主持，对语音也很感兴趣"	A38 感官刺激；A16 兴趣爱好	AA12 娱乐价值
a400 "每天浇水成了我的例行公事，做完感觉浑身轻松"；a408 "感觉无聊的时候，就出去走走，正好还能为公益事业做点贡献"	A27 排解孤独；A19 宣泄情绪；A31 引发共鸣	AA13 情感价值

（续表）

被访谈者原始访谈内容举例（初始语句）	概念归属	范畴化
a66 "原来公益活动也可以这么做，好玩又简单，真是学习了"；a70 "我们在做一个创业项目，体验一下吧"	A2 形成资源库；A17 知识更新；A42 丰富素材	AA14 信息接收
a360 "一想到我不是一个人在战斗，就充满了力量"；a282 "原来我也能做公益"	A3 成员荣誉；A33 团队力量	AA15 归属感
a99 "我会积极出谋划策，有些还得到了采用"；a300 "我已经成为一名志愿者，为公益做贡献"	A41 部分参与；A44 全程参与；A37 深度参与	AA17 参与策划

2. 主轴编码

开放编码结束后，主轴编码负责将上述内容进行重组，并按照聚类分析的方法进行分析。由 Strauss 和 Corbin 的研究得知，这个过程是要对之前的开放编码形成的各个范畴进行聚类分析，再汇集成范围更大的"主范畴"，从而能够找到其内部的自然联系。已有研究多是在全部的范畴内，将各种逻辑关系用特定模型来呈现。

本研究主题是探讨有哪些因素影响了消费者参与虚拟企业社会责任的动机，从上述开放编码形成的各个概念和范畴来看，可以用经典的"行为—利益—目的—结果"模式来解释，如图 4-2-1 所示。

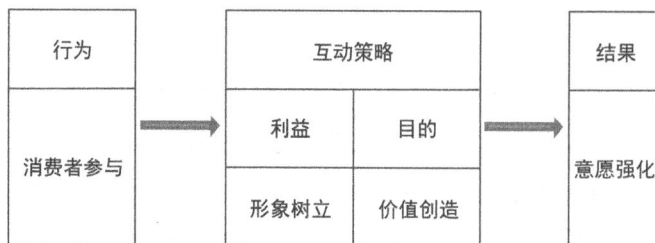

图 4-2-1　访谈资料的开放编码示例

消费者在采取了特定行为之后，获得了一定的利益（形象），实现了某些目的（价值），最终产生了某些结果。因此，上述 16 个范畴可以总结为 4 个主范畴。具体过程如下：

在对"行为"的界定方面，根据佩恩（Payne）等人对"社会互动"理论的研究，本书把信息分享、体验过程、人际交流和自我展示这 4 个副范畴归结为"消费者参与"这一主范畴。

消费者在参与虚拟企业社会责任共创的过程中，实际上也是创造价值的过程。根据马克思主义相关理论，个人对自己、他人及社会的贡献，体现了个人价值；人的价值包含两个方面，一是社会价值，二是人的自我价值。也就是说，个体会通过各种活动，创造出相应的价值，才能在满足自身需要的同时，满足他人和社会的需要。消费者参与互动的过程即是创造价值的过程。由此可见，创造价值是获得社会认同和自我实现的重要途径。本研究把创造价值作为消费者参与虚拟企业社会责任共创行为的目的。因此，本部分将"功能价值、社会价值、身份价值、娱乐价值、情感价值"5 个副范畴统一归为"价值创造"这一主范畴。

从行为到目的的过程中，"利益"成为联结消费者与企业之间关系的中介变量。根据自我意象心理学家普莱斯科特·雷奇的理论，个性是与个体思想一致的完整体系，外界任何与其不一致的想法会自然地受到个体的拒绝，相反，与其一致的想法会迅速被接受，从而产生人们的具体行为。这个思想的本质就是"自我意象"，即个体对自身的认知及个体展示出来的形象。当这个形象与个体思想体系一致时，个体就获得了这方面的利益。本部分根据开放编码形成的概念归属，总结出"务实形象、公益形象、领袖形象、专业形象"4 个副范畴，并将其一并归结为"利益获取"这一主范畴。

在这个过程中，可以从消费者参与活动的收获和对企业认同的结果两个方面来看。从消费者参与活动的收获来看，消费者得到了更多的知识和素材，并产生了一定的归属感（信息接收、社群归属感），这就体现了消费者对活动本身的认可和肯定；从消费者对企业认同的结果来看，消费者强化了品牌忠诚，并增强了参与活动的意愿（品牌认同感、参与策划）。因此，本部分将信息接收、社群归属感、品牌认同感、参与策划这 4 个副范畴统一归为"意愿强化"这一主范畴。具体的关系归属、副范畴和主范畴之间的关系及内涵，如表 4-2-2 所示。

表 4-2-2　主轴编码形成的关系归属及其关系内涵

编号	关系归属	主范畴	副范畴	关系内涵
1	行为	消费者参与	信息分享	消费者与实行虚拟企业社会责任活动的企业进行互动，具体体现在以下四个方面：第一，消费者将活动信息在各自渠道进行宣传、分享；第二，消费者在整个活动过程中获得个人体验；第三，消费者借助活动与其他参与者交流和沟通；第四，通过活动展示自己的想法、表达自己的意见
			体验过程	
			人际交流	
			自我展示	
2	利益	利益获取	务实形象	务实想象是消费者自身对客观事物的态度和责任感，反映了消费者对社会、对企业、对他人的基本观念
			公益形象	公益形象是消费者热心公益、关爱他人的奉献精神的体现
			领袖形象	领袖形象是消费者期望自己在其他人眼中有权威，能够引领社会潮流，并带动社会进步
			专业形象	专业形象体现了消费者在某一专业领域的水平、身份和地位
3	目的	价值创造	功能价值	功能价值包括人气、物质及精神方面的作用，社会价值侧重于社会影响力，身份价值体现消费者的权利和地位，这三者是通过自我意象的满足而获得的；娱乐价值和情感价值是从消费者参与活动过程中直接获得的心理感受，是消费者最先感知到的部分
			社会价值	
			身份价值	
			娱乐价值	
			情感价值	

（续表）

编号	关系归属	主范畴	副范畴	关系内涵
4	结果	意愿强化	信息接收	消费者在参与活动的整个过程中，在信息接收的同时，获得了社群归属感和品牌认同感，具体表现在对活动的参与策划上，以上均对消费者的活动参与意愿有一定的强化作用
			社群归属	
			品牌认同	
			参与策划	

3. 选择编码

选择编码是概括出核心范畴的过程，是将各主范畴之间的逻辑关系抽象化、具体化所概括的核心范畴，必须是多次、重复出现的稳定现象；同时，必须与各主范畴密切联系，并能找到合理的逻辑关系。概括而言，选择的核心范畴应当具有以下特点：①核心，即该范畴应该处于各类别的中心，这样才能与其他范畴联系起来；②经常出现在数据中，即核心范畴的出现要有规律、相对稳定；③相关性，即核心范畴要易于与其他类别相关联，而且这种关联不能是强制性的，必须是自然产生的。

在本研究中，消费者通过参与虚拟企业社会责任共创的活动，一方面，树立了与本身人格体系相一致的形象（务实形象、专业形象、领袖形象、公益形象），由此得到了"自我意象满足"，从而创造出"功能价值、社会价值、身份价值"；另一方面，根据平台型价值创造模式，消费者在参与活动的过程中，也获得了额外收益，也就是心理上的需求得到了满足，即创造了娱乐价值和情感价值，这五种价值的创造过程作用在一起，使消费者充分吸收了公益方面、操作技术方面的信息，并在参与活动、获得利益和参与价值创造的过程中，获得了社群归属感和品牌认同感，同时在参与策划的过程中，得到了自我价值的实现，这些又加强了消费者参与活动的意愿。根据这个思路，本部分提出了"消费者参与虚拟企业社会责任共创行为及其作用机制"的思路，如图 4-2-2 所示。

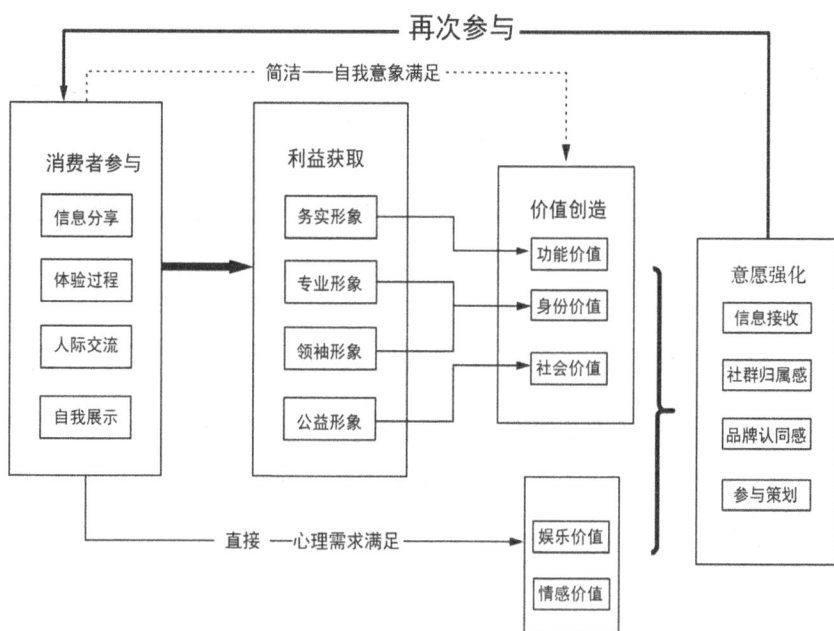

图 4-2-2 消费者参与虚拟企业社会责任共创的作用机制

（四）理论饱和度检验过程

为了保证访谈样本与文献资料可以真实、有效、全面地反映研究的内容，本部分对以上所述的编码流程进行了理论饱和测试，以保证所搜集到的资料可以达到理论饱和。

本部分在搜集原始数据的过程中，严格遵照理论饱和度检验的方法，在确定每一个样本之前，都会把具有类似内容的被访谈者进行排除。从第 36 名被访谈者开始，其所陈述内容与前 35 名被访谈者陈述内容大致相同，其访谈内容并没有发现有价值的资料，也没有形成新的重要范畴和内在联系，样本选取已经达到了质性研究的"理论饱和"状态。根据理论饱和的原则（抽取样本直到新抽取样本不再可以发展出来新的概念与范畴为止），最终选定了 35 名被访谈者作为本部分研究的主要对象。故可认定，本部分所研究内容满足扎根理论构建的饱和度要求。

第三节　消费者参与虚拟企业社会责任共创活动的作用机制与意愿

本书结合以上分析，通过扎根理论建构的核心概念认为，消费者在参与活动的过程中，获得了"自我意象满足"和"额外收益"，强化了参与意愿。

一、消费者参与虚拟企业社会责任共创活动的作用机制分析

消费者通过参与活动获得利益，从而得到"自我意象满足"和"额外收益"，完成价值创造过程。从本书形成的概念归属和各范畴间关系来看，消费者通过参与活动获得利益，进而进行价值创造这一逻辑关系在原始材料中得到了明显的证实。

消费者从参与过程中获得了利益。从本书形成的质性材料来看，即使消费者没有觉察到，他们只要参与，就会从中获利。首先，从某些原始语句可以看到，消费者信息分享、体验过程、人际交流和自我展示过程中，得到了务实形象、专业形象、领袖形象、公益形象等自我意象的满足。如a60：我觉得很有意义，对别人也有用，转发（信息分享—务实形象）；a188：这是我的好朋友在做的事情，人很努力，我希望更多的人一起为她加油（人际交流—领袖形象）；a77：微信的语音书做得不错，我通过参与活动，还得到了很多灵感（体验过程—专业形象）；a369：我要成为社会公益工作者（自我展示—公益形象）。

在研究中还发现，消费者在这个过程中，除了获得"自我意象满足"这个间接的既定利益，还有能够直接造成感官刺激的"额外收益"，如一些精美的图片、优秀的影片等，都会给人带来感官上美的享受，一些以"乡村教师"等为主题的虚拟企业社会责任共创活动，更是能够引起消费者心理上的共鸣，

进而弥补了消费者心理上的情感需求。

消费者在参与活动的同时，既满足了心理需求，又树立了与自身人格体系相一致的形象，只有这种虚拟企业社会责任共创活动，才是最受消费者欢迎的活动。

通过利益获取来完成价值创造。在消费者参与活动之后、完成价值创造之前，利益获取从中起到了中介作用。在现实中，个人要做公益是很困难的，比如要思考公益途径、渠道及其有效性等，所以很多人在公益方面都是"有心无力"。然而，虚拟企业社会责任共创为消费者提供了一个免费的社会服务平台。通过利益获取而感知到的价值包括功能价值、身份价值和社会价值。其中，务实形象的树立，对应了消费者的功能价值；专业形象和领袖形象的树立，对应了消费者的身份价值；公益形象的树立，对应了消费者的社会价值。在这个过程中，这些价值都是通过中介变量而间接获得的，而消费者在参加活动中所满足的情感上的需求，则是直接的心理需求，主要包括娱乐价值和情感价值这两类。

第一，消费者在利益获取的过程中，通过自我意象的满足间接地完成了价值创造。消费者的"自我意象"是影响利益获取能否转变为价值创造的关键。如果消费者通过参与活动没有感受到与"自我意象"相一致的形象，则价值创造不能实现。在理论研究中，自我意象的概念是主观上对自己的整体评价，包括个人对自己身体、性格及能力等方面的看法，并以这种看法为基础形成的个体自我评价。如在原始语句中，有被访谈者表示，a200：有时候感觉有的活动挺没意思的；a461：参加这种活动就是浪费时间等。

第二，价值创造有一部分是通过消费者参与活动而直接获得的，这是值得关注的部分。这个过程并不需要利益获取作为中介，而是消费者通过感官和情绪直接获得的。情绪是消费者在虚拟企业社会责任共创过程中产生的一种内部驱动力，主要包括认同、满意和愉悦。情绪匹配能够有效地刺激消费者的积极心理特征，促使他们不断地参与到虚拟企业社会责任的创造中来，从而推动企业社会责任的发展，与线下企业社会责任相比，虚拟企业社会责任更有可能创造价值。这种价值是消费者的主观心理需求；同时，可以与"功能价值、身份价值、社会价值"等客观价值同时起作用。也就是说，消费者可以在获得主观感受的同时，获得客观方面的价值创造。

二、消费者参与虚拟企业社会责任共创活动的意愿分析

本书通过分析发现，消费者参与虚拟企业社会责任活动，是通过信息分享、体验过程、人际交流和自我展示来进行的。在这个基础上，消费者获得了务实形象、专业形象、领袖形象、公益形象四种利益，从而在不断与企业进行互动的过程中，完成了价值创造的过程。最终，通过汲取充分信息，获得了社群归属感和品牌认同感，甚至参与活动策划等，加深了活动参与程度，从而强化了参与意愿。

在信息接收方面，消费者通过参加活动，增长了见识，丰富了经验，同时有利于自己知识体系的更新。所以，本书的"信息接收"体现在三个方面：形成资源库、知识更新、丰富素材，这是消费者完成价值创造后形成的事实性的反馈。如a405：太好了，走路也能做公益（形成资源库—意愿强化）；a303：朋友家有个孤独症小孩，看起来好孤独，但看了他的画作，感觉他好有才，他生活在自己的世界里，比我们都需要爱（知识更新—意愿强化）。消费者参加虚拟企业社会责任共创活动，就像打开了神奇世界的大门，进一步增强了他们继续参与线上公益的意愿。

社群归属感是消费者参加虚拟企业社会责任共创活动形成的结果。心理学家马斯洛（Maslow）将归属感定义为某个单一个体或所属群体对一种现象或事物的认同程度；哈格蒂（Hagerty）等人也对归属感进行了分析，认为归属感除了让人拥有情感方面或心理方面的评价性感知，还对群体中的成员之间的关系起着一定作用。一般虚拟企业社会责任共创活动都会持续很长时间，消费者在这个相对漫长的过程中，对活动内容及参与者、组织者越来越熟悉，

会在情感上产生依赖，或有一种"找到组织"的安全感。例如，在"蚂蚁森林"项目中，有被访谈者表示，a498：每天我们都会在群里讨论，怎样攒能量效率更高，其实，大家相处久了，就跟家人一样，生活中有什么困难或疑问，也顺手在群里解决了（成员荣誉—社群归属感）等。这显示出，消费者在参与的过程中，已经培养出强烈的归属感了，这种归属感，会使消费者对组织活动的企业形成品牌忠诚，进而重复参与活动。

消费者还会对活动品牌产生深深的认同感。认同是个体为了获得一定的归属感而自我建构的体验，并在消费领域中深深地影响着消费者行为。因此，消费者一旦形成品牌认同，必定会强化参与虚拟企业社会责任共创活动的意愿，进而引发重复性的活动参与；同时，品牌具有一定的象征意义，消费者在与品牌的接触过程中，会持续地表达需要，展现自我，进而形成品牌认同。个体在群体和社会中，基于自我表达的需要，会不断地在品牌中寻求认同，具体表现为消费者对虚拟企业社会责任共创活动的持续关注和超常规的维护。比如，a255：腾讯的活动我必参与，别的企业基本没关注过（品牌忠诚—品牌认同）；a1：虽然这次活动出了一些"小状况"，但是大家还是不忘初心，始终如一地支持，从不掉队（会员计划—品牌认同）；a90：活动举办方真的兑现了承诺，种下了大批真树，原来虚拟的也能变成现实，我喜欢这样的活动（品牌荣誉—品牌认同）；a444：感觉这个做公益的企业有大爱，我们当然得支持，以后会优先选择这个企业的品牌（品牌忠诚—品牌认同）等。

在参与活动策划方面，具体表现为随着参与介入的程度不断加深，有的消费者可能不满足于外部参与，而想利用自己多次参与的优势和经验进行深度参与，如策划、设计、宣传等，这种不同形式的行为从不同角度给消费者带来各种正向反馈，进而强化活动参与意愿。比如，有的被访谈者认为，a10：没想到我提过的意见被采纳了，还接到了活动主办方的电话（部分参与—参与策划）；a433：我暑假实习的时候，策划了一场线上公益活动，活动发起后，好有成就感（深度参与—参与策划）等。这些在参与中得到的收获和快乐，足够引发消费者再次参与活动的欲望。

三、激励消费者参与虚拟企业社会责任共创的建议措施

20 世纪中后期，消费主义运动在世界各地迅速传播。消费主义运动促进了企业社会责任的发展，促进了企业社会责任在全球的传播和影响。从最初的同情劳工，到抵制"血汗工厂"，再到要求公平的价格；从产品的品质、使用的安全性，到产品的制造方法、企业的经营和产品的供给、员工的权利、环境保护、减少能源的消耗，消费者关心的范围也在不断扩大。我们可以看出，随着社会、经济、技术的不断发展，人们的生活质量和教育质量得到了改善，人们对物质和精神生活的要求也越来越高，对企业社会责任的关注也日益增加。在全球经济一体化的今天，企业的生存与发展已不再是由企业本身的实力决定的，而是由企业的社会形象决定的。如果企业不履行社会责任，就很难树立起一个良好的社会形象，就会被社会和消费者所唾弃，对于不负责的企业，消费者会采取拒绝购买其产品的形式抵制企业，企业很有可能在市场上丧失竞争力。消费者作为企业最重要的利益相关者，既是必不可少的参与者也是责任重大的监督者。

（一）将消费者责任写入企业社会责任战略中

消费者责任是企业社会责任的一项重要内容。对消费者负责既是企业的责任，也是企业的职责，更是企业必须遵守的最基本的商业伦理。如果企业放弃消费者，那么企业很快就会被消费者所遗弃。企业只有始终尊重消费者，才能获得口碑和竞争优势。因此，企业应当明确消费者责任的含义及其对企业的重要作用。

制定合理的策略是企业社会责任管理的首要步骤，企业对消费者的责任要从战略的高度来确定。消费者是企业最重要的利益相关者，他们的权利和感受应当受到企业的关注和尊重。将消费者责任写入企业社会责任战略中，企业社会责任的执行将更加具有指导意义和目的，也能体现出企业对消费者

的重视，更好地回应消费者的需求，赢得消费者的拥护。从长期来看，消费者的支持可以有效地减少企业的运营风险，有助于将其转变为企业的竞争优势。

在消费者责任方面，要注重与消费者密切相关的内容，以获得消费者的正面回应。另外，消费者有选择的自由，消费者对某样商品或者服务选择的自主性越高，消费者实现意愿的程度和其消费质量就越高。企业是一个经济组织，其生存与发展的根本是追求利润，加强企业承担社会责任的自觉主动性和自我约束性，有必要把企业实际追求的根本利益与社会责任相联系。消费者是企业的价值创造者，是企业利益相关者的重要组成部分，消费者的消费行为将会对企业的社会责任产生巨大的影响和推动作用。

（二）唤起消费者的社会责任感

随着可持续发展理念日益受到大众的重视，责任消费已逐渐成为发达国家关注的焦点，我国的经济在改革开放后迅速发展，生产力水平不断提高，人们的物质、心理、文化生活质量也随之提高。但是，在经济高速发展的今天，我们却遇到了资源短缺、环境恶化、生态失衡等诸多问题。要解决上述问题，就需要提高消费者的责任意识，增强消费者自身的观念，推广责任消费的行为，也需要不断地加强和完善有关法律法规及配套的政策建设；同时，对消费者权益的保护应该包括对消费者履行社会责任的支持和保护，要积极开拓对违反社会责任行为的申诉途径，这不仅为消费者主动承担其社会义务创造了良好的条件，也为其安全提供了更好的保证。

以消费者为主导的企业社会责任策略要求消费者主动承担社会责任，只有在企业社会责任与消费者社会责任感的共同作用下，才能达到我国社会和谐发展的目的。因此，应采取切实可行的措施，以唤起消费者的社会责任感，并促使其承担起相应的消费义务。强化对责任消费的宣传和教育，即以消费者为中心，加强消费者观念、道德、常识、法律和消费者权益保护；在面向消费者的同时，也要在全社会中加大宣传力度，在全社会营造良好的责任消费环境，通过对消费者的责任意识的宣传教育，让消费者意识到他们的消费既有经济价值，也有社会价值；同时，还要提倡科学消费、文明消费，远离只为满足物质享受、满足个人需求的奢侈性、炫耀性消费，让消费者成为有责任感、有社会意识、成熟、文明的消费者。

对消费者进行责任消费的宣传和教育，要重视消费者的可持续消费，树立绿色消费理念，只有消费者树立可持续消费理念，才能使经济与社会的协调与可持续发展。"可持续消费"一词是在奥斯陆专题讨论会上出现的，在《可持续消费的政策因素》中第一次将可持续消费定义为，提供服务及相关的产品以满足人类基本需要，改善生活品质，同时减少自然资源和有害物质的使用，减少在服务或产品寿命期间产生的废弃物和污染，从而不会对子孙后代产生威胁。可持续发展的本质是要解决两种关系：一是要妥善处理好人和自然之间的关系，以实现保护环境、维护生态平衡的目的；二是要解决好人和人之间的关系，要做到公平、公正，既能满足当代的消费需求，也能使后代享受到同样的价值。在实施可持续消费观念的宣传和教育中，应注重可持续使用的资源，并注重对环境的有效保护，我们应该反对无节制的高消费、奢侈的消费，不应忽略生态、资源、社会问题，要向全社会宣传适度消费、公平消费、以人为中心的消费理念。绿色消费是一种重要的可持续消费理念，也是一种新的消费理念。它既能满足人们的健康需求和环保要求，又符合生态理念和可持续发展的理念。在消费内容方面，绿色消费提倡绿色、资源回收、合理利用能源、综合利用资源等。当前，我国的绿色消费与可持续消费仍处于较低水平，且所占比重较低，可持续消费与绿色消费理念的宣传与推广，尚有很长的路要走。

（三）改进宣传方法，提高公众参与度

研究发现，在虚拟企业社会责任共创中，消费者的注意力会对社会价值共创行为产生影响，这说明，消费者的注意力集中在虚拟企业社会责任共创行为上，有利于消费者保持积极的心理状态，从而激发消费者持续的社会价值共创行为。可见，消费者不同程度的关注会对其社会价值共创行为产生不同影响，因此企业应加强对消费者认知契合的管理，提高消费者对企业社会责任共创的重视。

随着社会媒介技术的日益成熟和广泛使用，消费者对虚拟企业社会责任的认识也日益多元化，消费者能够很容易地了解到企业的基本情况、技术实力、营销宣传和消费者评价等。这些多元化的资讯内容是影响消费者参与企业企业社会责任共创活动的关键因素，消费者越重视，越能激发其内在的正面想法，促使其参与到虚拟企业社会责任共创活动中。比如，将微信、微博等官方平台整合起来，从而达到聚集消费者、沉淀消费者、连接消费者的目的，这样既能留住之前的消费者，又能吸引新消费者，有利于消费者在社区内实现长期的社会价值共享。企业在设计虚拟企业社会责任共创活动时，应当添加有助于消费者沉浸式参与的因素，以满足消费者对虚拟企业社会责任共创活动的需要，从而发掘出虚拟企业社会责任的共同创造特性，激发消费者的参与和互动，促进他们进行更多的社会价值创造。另外，企业可以通过增加不同的曝光途径，比如线上和线下的联合，让消费者聚焦于企业社会责任共创，提高消费者的认知匹配，进而促进其在共同创造虚拟企业社会责任中的社会价值创造。企业还应利用社交媒介技术和各种宣传手段，对虚拟企业社会责任共创进行大力宣传，增强其社交特性，使虚拟企业社会责任共创逐渐成为大众的谈资，甚至是公众话题，从而增强消费者的认知，激发其内在的积极心理状态，提高消费者参与企业社会价值共创的积极性。

企业可以增加虚拟企业社会责任共创活动中的娱乐元素，在设计活动的时候，适当加入游戏元素和社交元素等，这样更容易获得消费者的喜爱，提高消费者黏性。与单纯的游戏相比，虚拟企业社会责任共创活动中的游戏娱乐性不强，要想提升消费者的参与意愿和频率，趣味性和娱乐性是必不可少的，但游戏不易太复杂。另外，企业在设计活动时，要充分考虑消费者的需要，如尽可能设计利用碎片时间就可以完成的项目。

（四）建立情感联系，改善消费者与企业的关系

研究发现，在虚拟企业社会责任共创活动中，消费者的认同感和满意度对共同的社会价值创造具有积极的作用。情感匹配的消费者会与虚拟企业社会责任共创产生情感上的共鸣，这有助于消费者对企业进行正面的评价，激发其积极的心态，从而促使其实现更多的社会价值创造。消费者在情感沟通中所获得的信息，不但能传播给其他消费者，更可以为企业提供反馈，以帮助企业了解共同创造的状况。

本书认为，企业应该培育消费者的所有权意识，让社区中的消费者感受到归属感、拥有感和价值感，而消费者一旦有了这种认同感，就会更有意愿参与社会价值创造活动。此外，企业可以通过发布感人的故事、传说等话题，以此激发消费者对虚拟企业社会责任共创的热情，从而促使消费者实现共同的社会价值。企业应该利用现有的信息技术对消费者满意度进行追踪与调查，以便更好地了解消费者的情绪，强化消费者的行为，并加强对消费者满意度的监督与管理，在此基础上，企业应规范管理，知行合一，构建和谐关系，强化消费者认同，建立良好的社区规范，这有助于消费者明确虚拟企业社会责任共创的目标，进而激发消费者实施社会价值共创行为。马斯洛认为，消费者的需求是多层次的，要得到生存、安全、情感层面的需求，也要得到自尊、自我实现更高层面的需求。因此，企业管理者应定期了解消费者的需求变化并及时进行调整，实现消费者情感契合，进而刺激消费者的积极心理状态的产生，提升其实施社会价值共创行为意向。

（五）强化社区建设，增强思想认同度

虚拟企业社会责任共创活动的出现可以弥补传统的企业社会责任活动的缺陷，更有利于企业价值创造活动的开展，消费者的自愿选择和行为意愿对企业的持续发展具有重要的作用。因此，企业对消费者意动契合的管理需要从长远考虑，使消费者建立持续的互动意识。企业应营造和谐文明的社区环境，消费者更倾向于参加具有相同兴趣的团体，并且这个团体崇尚相互尊重、

相互帮助的理念。企业除了要不断完善即时点评、即时沟通、推送信息等社群互动的功能，以方便消费者的参与，也要重视内容的建设，如发布相关度高的热点事件、重视发布内容的价值等，消费者对于高度感兴趣的内容，会更愿意参与互动，进而实现社会价值共创。

企业应认真听取消费者的建议和反馈，与消费者及时交流，从而提升为消费者服务的品质，降低消费者的参与焦虑，增强消费者参与的安全性和可靠性。在目前体验经济的环境下，消费者在参与虚拟企业社会责任的过程中，会更注重体验的感受。因此，企业应该重视与消费者的线上互动，营造轻松活跃的交流平台；要强化服务的趣味性，引入更加新颖的信息技术，让消费者的参与更加便捷，更好地获得娱乐和公益的双重享受；虚拟企业社会责任共创活动可以与线下的企业社会责任活动相结合，这将会衍生出更多新奇有意义的活动。这些加强社区建设的措施都会提高消费者的意动契合，进而利于社会价值共创行为的产生。建立社区和开展社区活动很简单，但要让消费者持续参与是企业开展虚拟企业社会责任共创的一个难题，这要求企业既要提供物质上的奖励，又要给予消费者精神上的奖励；既要增加管理费用，又要保证消费者的心理、情感等精神上的一致，否则很难让消费者愿意长期进行社会价值共创行为。对于这一点，企业可以利用页面的多样化功能，采用电子勋章奖励、排行榜公示等精神奖励方式真正激发消费者对社区的心理依赖，激发消费者实施持续的社会价值共创行为。

（六）构建社会化平台，优化社区职能

研究发现，在虚拟企业社会责任共创中，消费者的匹配关系会对社会价值创造产生正面的影响，即消费者与他人之间的关系可以激发消费者的积极性，从而对社会价值创造行为产生一定的影响。在虚拟企业社会责任共创活动中，如何使消费者感受到自己在参与，如何激励消费者向他人发出邀请，实现消费者与朋友、家人共同参与，这是企业管理者在进行虚拟企业社会责任共创活动的过程中必须思考的问题。

基于"关系"的虚拟企业社会责任共创，是未来企业社会责任的一种发展趋势，可以充分利用社交属性，扩展社区的功能，推动消费者在线上和线下的交流，激励消费者的社会价值共创行为。企业要对消费者在社区中传播的信息进行及时的监控，在引导消费者做出积极评价的同时，也要加强对垃圾信息、劣质信息和不实信息的管理，对不良信息进行适当的处理，对使用不文明用语、恶意用语、不良信息等行为的消费者予以取缔或淘汰。企业要在企业文化的基础上，增加更多的沟通功能，建立团结友爱、互助互惠的社区环境，让更多的消费者愿意参与到虚拟企业社会责任共创活动中，共同创造社会价值。企业可以将社区按照不同的文化和地理特点，分为不同的社区聊天室，这样消费者就能和自己有相同兴趣的团体进行交流，并在社区中产生情感上的共鸣，这样可以满足消费者的社交需要，提升其对社会价值创造的热情。社区可以按照内容和用途划分为不同类型，企业搭建互动平台时，一方面要构建适合消费者个性化需求的功能模块，另一方面要将兴趣相投的消费者聚集在一起，形成一个社交圈，以满足消费者的社交需求和参与动机，从而为消费者创造社会价值奠定人际基础。除此之外，企业也要加强社区的功能，实现与微信、QQ、微博等社交媒体的连接，方便消费者进行转发分享，通过改善虚拟企业社会责任共创互动中的社交功能，可以满足消费者的社交需要，消费者会因为回馈而进行正面的宣传，促进虚拟企业社会责任共享，从而达到营销的目的，让更多的潜在消费者认识到虚拟企业社会责任共创，从而扩大社会影响。

（七）注重消费者的正面心态培养

企业要想实现虚拟企业社会责任共创，必须注重消费者的积极心理建设，不断加大资源投入，激发消费者的积极性，使消费者乐于将注意力转移到虚拟企业社会责任共创中，进而引发消费者更多的社会价值共创行为。

消费者通过平台的社交功能，参与到企业社会责任共创活动中，能够加强他们对环境的真实认知，从而促进消费者产生积极的心理活动，促进企业的社会价值创造。心流理论表明，消费者的需要已经发生了变化，仅仅是物质上的满足并不能引起心理上的改变。因此，企业应该更多地关注精神上的娱乐和放松，而不仅仅是物质上的奖励。企业在进行共创时，应该强化过程的游戏化和场景的趣味性，可以设置一些互动式的游戏，让消费者进行团队合作，增强消费者的现场意识，满足他们的社交需要，让他们更容易地进入"心流"的状态，从而引发社会价值共创行为；同时，良好的社区规范有助于形成消费者的心理体验，从而激发消费者对社会价值创造的热情。

企业应当转变观念，把消费者当作"兼职员工"，虽然目前的企业无法像管理内部员工那样对消费者进行管理，但是现有的研究显示，企业可以引导和发展员工的心理资本，从而使消费者的心理资本得到发展。企业可以通过多种形式的激励措施，把消费者的"业绩"直观地呈现出来，让消费者看见自己的进步，认识到自己的价值，让消费者在参与中学会自我激励，并逐步养成习惯，从而建立消费者的长期信心。同时，企业可以利用"身边的榜样"进行示范性引导，定期安排优秀的社区成员进行示范交流，让消费者在学习、效仿别人的同时变得更加自信，进而促进他们实现社会价值创造的目标。企业在建立虚拟企业社会责任共创活动时，可以将其细分为不同的单位及个体，并进一步编制各项可达成的目标规划，将会增强消费者在执行过程中的意志力及快乐感，以及消费者对达成目标的期望，企业还可以加大物质及精神上的支持力度，以达成消费者所期望的情景，促使消费者进行更多的社会价值创造。企业应该将正面的观念传达给消费者，激励他们的士气，让他们形成乐观的认知，而乐观可以让他们在面临问题和挑战时有积极的归因，从而提升他们的持续社会价值创造行为。在"契合社区"中，企业需要建立一种标准化的社区文化，通过培训消费者资产管理、风险管理和流程管理策略，可以帮助消费者解决问题；加强社区内的沟通，可以帮助消费者摆脱困境；强化对消费者的标准要求，可以增强消费者对自身行为的控制力。

（八）开发并充实虚拟企业社会责任共享平台，增强消费者的认知效用

感知的作用可以通过多种方式来发挥。首先，企业要加大广告力度，持续扩大消费者人群，在消费者人群逐步壮大的情况下，消费者会积极参与虚拟企业社会责任共创，以维持与好友的连贯性、互动性，进而提高自身的认知效用；其次，在虚拟企业社会责任共创活动中，企业要做的就是不断创新和完善，让消费者可以更方便地参与到企业社会价值创造中；最后，在实施虚拟企业社会责任共创计划时，企业要选取对社会有实际效益的项目，将其付诸实践，并定期向参与方汇报进度，提高消费者对该项目的信心。

第五章　虚拟企业社会责任实践现状及案例分析

本章内容为虚拟企业社会责任实践现状及案例分析，分别从企业社会责任实践现状、虚拟企业社会责任实践现状、相关案例分析三个方面进行了阐述，希望能够给更多领域的研究人员带来帮助。

第一节　企业社会责任实践现状

近年来，企业社会责任获得了各种新的推动力，在世界范围内，越来越多的社会责任标准被制定出来。比如，国际标准化组织（ISO）于 2001 年起开始研究和论证社会责任国际标准的可行程度。2004 年 6 月，国际标准化组织决定开发适用于所有社会组织的"社会责任"国际标准化组织指南标准，由 54 个国家和 24 个国际组织参与制定，编号为 ISO26000，是在 ISO9000 和 ISO14000 之后制定的最新标准体系。2010 年 11 月 1 日，社会责任指南标准（ISO26000）正式出台。

随着我国经济的高速发展及市场的不断扩大，企业社会责任问题越来越为人们所重视。我国作为社会主义市场经济国家，在企业社会责任理论、立法和实践方面，不应该落在资本主义国家的后面。近年来，有学者指出，中华传统文化应该是我国企业履行社会责任的一个重要基础。当前，企业社会责任在我国已经有了比较大的进展，政府和企业正在以更加积极的态度参与各种企业社会责任论坛和相关活动，与国际组织合作开展联合研究，努力使国内的企业社会责任活动制度化。2005 年《中华人民共和国公司法》修正之后，企业社会责任被明确列为企业经营的基本准则。

回顾我国企业社会责任的发展过程，可以用"争不休，创新不断"来总结。这场争论不绝于耳，它所引起的争议丝毫不逊色于被称为"企业社会责任之父"的鲍恩和诺贝尔奖得主弗里德曼就企业应负的社会责任展开的激烈辩论。创新不断与理论上的模糊不清形成鲜明对比，企业社会责任观念逐渐深入人心，实践载体日益变得多样，履责绩效也不断提高。从整体上讲，当前我国企业社会责任发展具有三个特点。

一是汇报工作的质量不断提高。《WTO 经济导刊》的连续追踪调查显示，2006 年我国公布的企业数量仅为 32 个，到 2014 年 10 月 31 日，已经有 2240 个，有些大型企业在履行企业社会责任时，还参考了 ISO26000、AA1000、《中国企业社会责任报告编写指南》等。根据这一成果可以看出，我国企业正在积极探索责任管理、责任沟通等内容丰富、形式多样的活动，逐步从消极应对转向积极主动承担。

二是企业内部和外部的激励和制约机制不断健全。党和国家的各级领导在多个会议上反复重申了履行社会责任的重要性，国务院国有资产监督管理委员会于 2008 年发布了《关于中央企业履行社会责任的指导意见》，深圳证券交易所、上海证券交易所前后发布了上市企业社会责任工作的要求，有些行业协会和地方政府同样制定了与此相似的文件。与此同时，社会各界和社会各方力量也在逐渐成形，责任投资、责任消费、可持续发展等理念逐渐为人们所认同。

三是初步建立了专业化的社会组织。近年来，教育科研机构、专业服务机构、新闻媒体等机构纷纷关注社会责任，对其进行了教育、研究、咨询、审验和推广等工作。它们在实现自身的发展和壮大、创建社会责任大品牌的同时，也为企业社会责任的地方化发展做出了积极贡献，已经成为社会责任的一股重要力量。近几年，我国的社会责任管理组织通过编写社会责任报告、开展社会责任教育、开展社会责任咨询、实施管理诊断等工作，有力地推动了社会责任观念的推广和社会责任实践的不断深入。

　　除了以上三个特点，我们还可以从三个不同层面对我国企业社会责任的发展状况进行阐述。

　　在法律层面上，我国现行的《中华人民共和国公司法》第五条规定：公司从事经营活动，必须遵守法律、行政法规，遵守社会公德、商业道德，诚实守信，接受政府和社会公众的监督，承担社会责任。公司的合法权益受法律保护，不受侵犯。这是我国以立法的方式对企业社会责任进行了清晰的界定，也是企业治理制度的开端。

　　在管理层面上，国务院国有资产监督管理委员会发布的《关于中央企业履行社会责任的指导意见》（以下简称《指导意见》）对我国企业社会责任的多个方面进行了阐述，包括重要意义、指导思想、总体要求、基本原则、主要内容和主要举措，旨在促进我国企业在社会责任方面的建设和运行机制，提高其工作能力。《指导意见》的颁布是基于国企规模不断扩大、效益逐年提高的时代背景下，对国企和资源等各个要素提出了更高要求，特别是中国石油天然气集团有限公司、中国石油化工集团有限公司、国家电网有限公司等实力雄厚的国企，更是被寄予厚望。国企不仅要履行自己的政治责任，还要履行经济、道德、法律、环境资源、慈善等方面的责任，国企要将对社会、资源和环境的关注融入企业的发展策略中，并将其纳入企业的日常运营和管理之中。《指导意见》从起草到颁布，历时一年多，在此期间，国务院研究室与有关单位组建了一个关于"中央企业的社会责任"的专题研讨，其中吸收了许多国企在"社会责任"这一领域的经验和做法。

　　在企业层面上，长期以来，我国的企业界尤其是中央企业对社会责任的重视已久。实际上，在《指导意见》出台之前，许多大型国企都在自觉承担社会责任。截至 2008 年，众多企业都积极地提出了企业社会责任和可持续发展的建议。《指导意见》出台后，中央企业及其他企业积极地履行了自己的社会义务，并以不同的方式宣传履行社会责任的重要性。

第二节 虚拟企业社会责任实践现状

一、虚拟企业社会责任共创活动实践现状

随着互联网的迅速发展，社交媒体已经成为人们进行信息交流的主要渠道，同时，一些企业号积极地运用互联网平台树立企业形象、塑造和维护品牌形象、管理消费者关系和传播企业社会责任。随着国内市场的不断发展，很多跨国企业开始在国内进行社会责任共创活动，并制订了企业社会责任战略计划。

企业对社会责任共创活动的投资关系到企业与社会的可持续发展。目前，企业社会责任共创活动项目已从单纯的捐赠等方式转向了项目的可参与性，但由于其在社交媒体上的覆盖度低、活跃度低，在某种程度上制约了其传播的有效性。企业实施的社会责任是一项系统工程，所以在各个项目中都可以延伸出一些话题性较强的主题活动，以达到从"点到面"的效果，进而提升企业的知名度和影响力。有的企业在社交媒体上发布的企业社会责任共创活动具有普遍性和高度参与性，它促使了社会大众的自发参与，其影响力远远超过了传统的广告宣传，使社会大众与品牌和企业的关系更加紧密。由此可见，借力社交媒体等舆论手段，可以推动企业社会责任共创活动的发展。

社交媒体的发展为虚拟企业社会责任共创活动提供了一个无可取代的平台，利用微博等社会化媒体平台，企业可以在任何时间、任何地点发布信息，轻松实现与利益相关方的线上沟通。通过互联网开展有益于社会的企业社会责任项目，能够发挥企业品牌的影响力，企业还可以借用社交媒体的影响力，带动社会公众的参与，从而提升企业社会责任项目的传播效果，创造社会效益，进而实现企业的可持续发展。

二、虚拟企业社会责任共创活动实践存在的问题及原因分析

由于物联网、移动互联网、大数据、云计算和现代制造业的融合，社会急切需要懂得业务、精通技术、能够很好地管理和经营、会使用工具并且具

有团队精神的精英。互联网时代是一个全新的时代，它对企业履行社会责任有着新的要求和考验。据了解，企业社会责任与互联网的结合，即虚拟企业社会责任实践，也存在很多问题。

第一，互联网上存在大量虚假信息。互联网传播的虚拟性、匿名性、开放性，使人们很难辨别信息的真伪，在给人们带来便利的同时，也带来了一些问题。一些无良企业还会利用假冒网站来欺骗消费者，给消费者带来了身心伤害。

第二，互联网交易平台存在欺诈行为，包括产品、服务等的质量问题。由于互联网交易平台数量多、店铺杂乱、用户基数大，有些不法商家在交易平台通过不对称的信息渠道，以虚假的方式销售假冒商品或进行财产欺诈，损害了消费者的合法权益，这种现象会使消费者逐渐失去对线上企业的信任，严重影响企业的品牌形象。

第三，企业缺乏创新能力，不能顺应时代和市场潮流。全新的"互联网+"时代要求企业承担全新的社会责任，然而一些企业故步自封，赶不上时代的大潮流，就只能被市场淘汰。

互联网行业仍处于发展阶段，相关法律法规还未完善。互联网与企业的结合存在问题的同时，也为企业带来了很多机遇。在这个机遇与挑战并存的时代，要求企业增强履行社会责任的意识，完善企业社会责任的行为，才能促进企业获得更好的发展。

第三节　相关案例分析

一、蚂蚁森林促减排

截至 2019 年 4 月，"蚂蚁森林"的注册用户为 5 亿多人。"蚂蚁森林"的忠实用户在日常生活中还会坚持低碳生活，那么，蚂蚁森林项目到底是怎么做到快速扩大用户规模，在短时间里改变亿万人生活习惯的呢？"蚂蚁森林"

在最初获得成功之后，是如何继续探索可持续的公共事业发展模式的呢？"蚂蚁森林"的发展前景如何呢？

（一）"蚂蚁森林"产品的背景

传统的公益环保活动存在诸多问题和难点。比如，公益活动的影响力有限、资金筹措困难、社会监督渠道不畅通等，这些问题严重制约着环境公益事业的发展。随着网络技术在各行业的迅速扩展和渗透，利用网络技术解决环境公益中遇到的问题和难点，已成为当前社会各界和网络企业关注的焦点。但是，如何达到这个目的，目前还处于探索阶段。网络企业在早期的公益实践中，因为其自身的网络平台具有一定的优势，所以在开展公益活动时，往往会将其作为一种推广的方式，而这正是阿里巴巴的初衷。

阿里巴巴集团在 2010 年 5 月宣布成立阿里巴巴公益基金会，这是国内第一个环保基金会。2011 年，阿里巴巴公益基金会获得了民政部的认可。这一做法通过网络优势来扩展公益活动的影响力，缓解了公益计划筹集资金的困境，但是在这样的模式下，网络平台只是一个渠道，并不能真正发挥互联网实时、互动和参与的核心优势。面对上述种种弊端和不足，阿里巴巴集团始终希望能够充分发挥自己的优势，打造一款"互联网 +"的公益环保产品，正是基于此，蚂蚁金服的产品设计理念才得以实现。

（二）"蚂蚁森林"产品的模式

"蚂蚁森林"在绿色公益项目中的成功经验是基于互联网优势，结合绿色环保属性，构建互联网公益产品。蚂蚁金服主要通过"碳账户"来达到这个目的，碳账户是指将用户的低碳行为量化，如步行、无纸化阅读等，引导他们进行环境保护的公益行动，但是"碳账户"这个概念太抽象、不易理解，也就是说，仅仅依靠"碳账户"这个标志是很难吸引到活跃用户的，也不可能在社交平台上引起太大的反响。蚂蚁森林的研究小组最后决定把"碳账户"和"种树"结合在一起，这是因为"绿色""减碳"常常会使人们想起"树木"

的概念。用户创建"碳账户",通过日常的低碳行为来相应地减少碳排放量,从而获得相应的绿色能量,绿色能量可以用来在支付宝里培育一棵虚拟的树。当用户在平台上"养成"一棵虚拟树木时,蚂蚁金服就会帮助用户在现实生活中种植一棵真正的树木(图5-3-1),这也是"蚂蚁森林"的概念和其名字的来源。

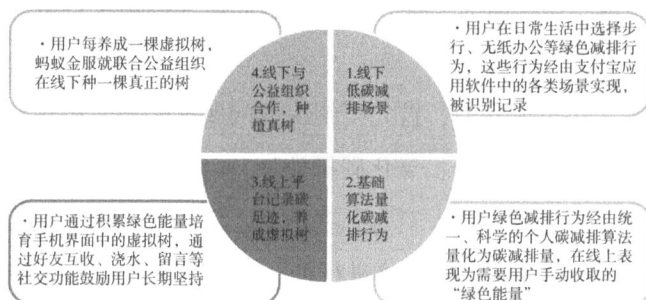

图 5-3-1 "蚂蚁森林"产品模式

"蚂蚁森林"在2016年7月已经完成了产品的设计。与传统的网络公益活动相比,"蚂蚁森林"更多的是通过网络平台实现商业运营,提升用户对环保公益的体验感,从而进一步激发用户对环保的追求。具体来说,一方面,"蚂蚁森林"希望将"沙漠种植树木"转变为全民皆宜的"游戏",通过精巧的产品设计来减少用户的时间和资金成本;另一方面,"蚂蚁森林"则致力于增加用户对绿色公益的参与程度,在增加项目的透明度的同时,进一步拓展其影响力。但是,怎样才能更好地为社会服务,则存在争论。站在政府的立场上,人们总是在思考怎样才能让事情变得更公正;站在社会的立场上,企业则在思考怎样才能让事情变得更有效率。"蚂蚁森林"的理念是"以公益为本,以商业为本"。

(三)"蚂蚁森林"产品的价值

在产品概念有了雏形之后,接下来的工作就是组建项目组。但那时候,"蚂蚁森林"只是一个概念,还没有成熟的产品供参考,也没有具体的计划,无法对项目的业绩和 KPI 进行评价。所以，在该项目中，蚂蚁金服采用了一种独特的组织和管理方式，即把"蚂蚁森林"作为一个虚拟项目来进行管理，关键绩效指标（KPI，Key Performance Indicator）不会在初始阶段进行，也不会记录在员工的表现中。所以，在"蚂蚁森林"的初期，除了产品经理，大部分成员是在蚂蚁金服内部的兼职员工，来自公益、设计、品牌、策略等不同部门的员工组成了一个名为"基 20"的项目团队，以响应 G20 杭州峰会的主题。

"蚂蚁森林"小组成立后，首先要解决的问题就是如何构建一种科学的计算方法，将其转化为相应的二氧化碳排放量。当时比较成熟的是碳市场减排计算法，而在个人排放方面，只有一些学术上的研究可以借鉴，还没有一个统一的标准，也没有一个可以直接进行推广的方案。因此，"蚂蚁森林"小组根据蚂蚁金服提供的个人用户购物、出行、生活缴费等方面的大量数据，从支付宝中选出了几种绿色行为：步行、绿色办公、线下支付、生活缴费、火车票网购、网上购票、预约挂号、电子发票等。

北京市环境交易所负责研究和开发碳排放的计量算法。北京市环境交易所的研究小组通过问卷调查和文献整理，收集了当时关于个体碳排放的相关研究，在此基础上，根据前人的研究成果，提出了一种基于个体碳排放的初始计算方法，并根据以上几种绿色行为，逐一计算出相应的碳排放量。

"蚂蚁森林"在其产品影响力和用户规模不断扩大的同时，也拓展了其绿色低碳行为的类型和覆盖面。其中，除了不断增加与 C 端（消费者）消费者密切相关的减排方案，如"国际退税""公共汽车出行""北京地区私人汽车停止运营"等，"蚂蚁森林"还将绿色行为场景从 C 端（消费者）扩展到 B 端（企业或商家），包括"共享单车""绿色包裹""闲鱼回收"等。在环保行为的场景中，碳排放算法需要不断地优化和更新，一方面，为了适应新的环保行为，必须制定一套新的减少二氧化碳排放的算法；另一方面，碳排放的算法要朝着更加公平和普适的方向发展。"蚂蚁森林"团队组建了独立专家小组，对现有的算法进行了更新，并在此基础上，推动了世界上第一个大型的个体碳排放计算技术规范的制定。优化后的测量算法更注重终端用户的体验，经过优化后的"蚂蚁森林"对用户更为公正。第一阶段的算法按照行政区域划分出三个等级，但是随着移动网络时代的到来，用户的行政区划、地域逐渐淡化。在大量的用户调查和文献研究的基础上，第二阶段的算法建立了全国范围内的统一的交通污染物排放指标。通过这种方式，全国各地的消费者都可以通过同样的方式得到同样数量的绿色能源，从而提高消费者的使用体验。

2016 年 8 月 27 日，"蚂蚁森林"正式在蚂蚁金服的支付宝平台上发布。用户可以在"蚂蚁森林"页面上注册一个账号，这样，用户每天的低碳行为都会被计算成碳减排量，即"绿色能量"，在"蚂蚁森林"的页面里，这些"绿色能量"就可以用来"浇灌"虚拟树木，等这棵虚拟树木"长成"了，蚂蚁金服会和相关组织联合起来，以用户的身份，在现实中种植一棵实体树木，或者保护相对应范围的土地。这样一来，就能使用户的低碳减排行为得以落实，也能增强用户的环保意识。

"蚂蚁森林"在产品设计方面为减少碳排放量创造了多种价值。以种植梭梭树为例，第一，用户一旦在平台上种植完成了一棵梭梭树，就意味着用户的碳排放量已经降低了 17.9 千克；第二，蚂蚁金服和其他公益机构以这个用户的名字种植的这棵梭梭树，在整个生命周期中，会吸收 17.9 千克的二氧化碳；第三,一棵梭梭树能固定 10 平方米左右的荒漠，它的根茎可以用来嫁接珍贵的中药，为阿拉善盟的农民和牧民提供了一种有效的防荒剂。更重要的是，在"蚂蚁森林"平台上，用户平均要持续 3 个月的低碳减排活动才能种植一棵真树，这种长期的节能减排实践，有助于人们形成绿色、低碳的生活方式。蚂蚁金服公布的资料显示，目前的线下植树活动已由内蒙古阿拉善盟拓展到了更多的地方，比如鄂尔多斯、库布齐沙漠、武威、通辽、兰州等地。

作为一个网络企业，在荒野上种植树木，这显然不是企业擅长的事情。

那么，蚂蚁金服是如何做到从线上到线下，在荒芜的土地上种植真正的树木的呢？蚂蚁金服相对于以前的公益模式有什么发展与创新的地方？为解决此公益项目最终的落地问题，蚂蚁金服选择了与专业机构和传统公益组织合作的模式来实现项目的落地实施。以影响力最大的"一亿棵梭梭"项目为例，蚂蚁金服与中国绿化基金会、阿拉善 SEE 基金会、内蒙古林业部门等专业机构进行了合作，最终把虚拟树苗转化为了真正的荒漠梭梭树。"一亿棵梭梭"项目过去一直采取较为传统的公益方式，知名度不高、影响力不大、资金筹集的渠道不畅通、捐赠者参与度比较低、项目的"造血能力"不够，"蚂蚁森林"项目的加入，使"一亿棵梭梭"工程发生了翻天覆地的变化。很多人是从"蚂蚁森林"项目中了解到梭梭树和"一亿棵梭梭"的慈善计划的。

（四）"蚂蚁森林"产品的创新

"蚂蚁森林"之所以能够获得成功，主要原因是其对传统公共服务模式的完善和创新。

第一，在项目宣传上，利用支付宝平台的优势，快速拓展了该项目的目标群体和社会影响。

第二，在捐款方式上，打破了传统公益机构的捐款方式，即以捐款人的方式进行捐款。"蚂蚁森林"模式通过将不同参与者的低碳行动转换为一定的减碳排放量，最后转换成一定数额的基金来资助公益事业。该项目的最终出资者包括个人、相关企业、组织等，涉及的领域非常广泛，在提高大众对公益计划参与度的基础上，将个人用户、相关企业、公益组织、政府等组织整合为一体，以促进公益事业的发展。

第三，改善了用户的日常行为习惯。在"蚂蚁森林"模式下，用户利用每天零散的时间参与到环境保护中来，从而改善了自己周围的环境，推动了新的环保公益活动。

第四，在项目的后期反馈和监控中，利用互联网优势，用户可以及时且多方面地向参与者提供反馈，以便于用户对项目进行监督，从而提高用户黏性。在"蚂蚁森林"的页面上，用户可以随时观察自己栽种的幼苗的生长情况，还可以通过卫星影像来观察周围的环境。多元化的公益活动既可以增加公益项目的透明度，也可以促进公众的环保参与度。

（五）"蚂蚁森林"产品的影响

"蚂蚁森林"在"自下而上"的公共利益观念和互联网的基础上，为绿色公益模式的改革和发展做出了卓越的贡献。随着规模越来越大，该项目的影响力越来越大，蚂蚁金服在环保事业上，还需做到以下几点：

1. 扩大公益平台的开放性

在传统公益模式下，公益项目所涉及的主体包括捐助者、公益组织和受助人，其覆盖面比较窄，因此群众的参与程度也比较低。而在"蚂蚁森林"模式下，公益计划的相关主体超越了传统公益的捐赠者、公益组织、受助人三种类型，个人用户、商家、环境交易所、赞助企业、政府机构等都可以成为公益生态的一部分，从而极大地提高了公益计划的覆盖面和影响力。从实际运作来看，"蚂蚁森林"所接入的环境公益活动和参与人，至今仍限于固有的覆盖范围内，如闲置商品的回收，仅限于闲鱼平台上的闲置商品。因此，进一步扩大公共服务平台的开放性，引入其他低碳活动，这是蚂蚁金服今后要做的工作。

2. 提高公益活动的透明度

在所有的公益活动中，透明度和监督执行的有效性一直是社会关注的重点。每一位捐赠者都希望自己的捐赠物能真正地被送到受助人的手中。以网络为基础的公益平台在解决这一问题上有着先天的优越性，蚂蚁金服通过互联网、大数据和人工智能等技术，提高了公益活动的透明度，保证了公益善款笔笔有着落、笔笔见效果。

3. 完善公益活动的流程

蚂蚁金服的公益体系在相关的制度建设上还存在诸多不足，以"蚂蚁森林"为例，在这个项目越来越受欢迎的情况下，很多代走路、代刷单的现象经常发生，这明显违反了项目的设计初衷，也会影响项目的透明度和公平性，未来，蚂蚁金服需要认真思考如何完善算法、完善规则。

4. 加强对用户隐私的保护

利用大数据技术，蚂蚁森林在收集信息的过程中，会将参与者的日常生活活动记录下来，这些资料中有很多涉及公共隐私的敏感资料。因此，"蚂蚁森林"应强化有关资料的保护，不可将信息运用到其他方面，在以后的公益活动中，蚂蚁金服要更多地注意保护公众的隐私，减少用户的担心。

环境保护是一种具有较强的积极外部性的经济活动，它将使全社会受益，但是作为环境保护最主要的参与者，在进行环保投入的同时，常常难以从中获得直接的经济效益。所以，环保项目的投入主要依靠外部，缺乏长期的发展动力，而"绿色金融"的出现和发展为解决环境保护中的利益冲突、维护环境保护事业的可持续和稳定发展做出了突出贡献。

绿色金融可以被界定为为可持续发展创造环境效益的融资活动，其中涵盖减少空气污染、水污染、土壤污染，减少温室气体的排放量，提高资源的利用率，处理和适应气候变化等。在对环境保护项目进行直接融资的同时，它还能对诸如温室气体等环境问题产生的消极影响进行市场定价，影响企业、组织、个人的决策，进而减少污染投资。绿色融资的引入，既可以提高环保公益项目的经济效益，又可以吸引企业进行商业投资，促进环保公益事业的长远发展。

（六）"蚂蚁森林"产品案例对企业的启示

"蚂蚁森林"产品案例对企业的启示如下：

首先，有利于提升企业声誉。"蚂蚁森林"成立以来，主动与更多的低碳场景融合，已拥有超过720家来自不同领域的合作伙伴。"蚂蚁森林"与用户进行交流，使用户感到自己在为改善环境做出贡献，其将线上的虚拟行为转变成实际的行动，增强了用户满意度，从而提升了企业信誉。

其次，有利于提升用户积极性。用户在"蚂蚁森林"种树的过程中，只需要在日常生活中积极进行低碳行动。这不仅是对生态负责的体现、对社会责任的承担，更是一种自我价值的实现。此外，"添加好友""合种""公益林"等社交功能，增加了用户的互动频率和参与性。

再次，有利于改善社会环境。随着全球环境的日益恶化，绿色、低碳已经是世界经济发展的必然趋势，"蚂蚁森林"计划所倡导的"低碳"行动，也为全世界减少碳排放量做出了巨大的贡献。随着种植面积的不断扩大，生态环境得到了改善，人们的生活质量也得到了改善。

最后，有利于增强人们的自我价值感。蚂蚁金服已经与全国绿化委员会、中国绿化基金会签订了合作协议，如果在蚂蚁森林里种下 3 棵树木，并取得 3 个"蚂蚁森林植树证书"，即可在互联网上领取一份国家颁发的"全民义务植树证书"，这极大地提升了用户的参与热情，增强了他们的自我价值感。

企业承担社会责任可以解决一些社会问题。以蚂蚁森林为例，倡导绿色生活，号召大众积极投身低碳生活，不仅让人们积极投身环保事业，更让低碳生活、绿色金融等理念深入人心。从"蚂蚁森林"这一成功案例我们可以看到，企业的社会责任不仅没有给企业带来负面的影响，反而给企业和社会带来益处，更重要的是，对企业的长远发展具有重要作用。

二、爱奇艺的 CSR 之路 [1][2]

2019 年末，互联网视频产业发生了巨大的变化。为了响应教育部《关于 2020 年春季学期延期开学的通知》，爱奇艺从 2020 年 2 月 2 日开始，与四十多家知名教育机构合作，推出了"停课不停学"的活动，面向全国范围内各年级、各学科，提供了近 2000 场、共计 80000 分钟的直播课，还有超过 8000 门免费视频课程。"直播 + 录像"这一免费教学方式，全方位地为广大的中小学生提供优质的教育资源，让学生在最大限度上拥有上课的真实感。目前，

① 　重庆商报.停课不停学,爱奇艺免费提供近2000场直播课、超8500门精品课 [EB/OL].(2020-02-02)[2022-04-17].https://finance.eastmoney.com/a2/202002021369196836.html
② 　环球网.爱奇艺社会责任联合爱奇艺奇巴布发布倡议书 [EB/OL].(2021-06-01)[2022-04-17].https://baijiahao.baidu.com=1701343864782195419&wfr=spider&for=pc

爱奇艺教育、爱奇艺知识应用软件都已经开通了知识专区，自 2020 年 2 月 6 日，就开始了网上免费在线授课，爱奇艺知识与学而思、作业帮、有道精品课等多家教育机构合作，为学生答疑解惑，解决家长后顾之忧。

爱奇艺知识基于现有 8200 个免费课程，联合熊猫博士、义方教育等企业，新增了 300 多个项目，涵盖了文史、职场、艺术、体育、健身等内容，覆盖了外语、历史、艺术、亲子、职场等 15 个领域，与近 2000 个企业伙伴进行了深度合作，在内容选择、创建伙伴品牌及 IP 课程定制等方面都实现了突破，课程总数超过了 8000 节。这些免费录播课，不仅包含了中小学语文、数学、英语等学科的同步教学，还涵盖了少儿科普、医学科普、绘画启蒙、思维训练等多个方面的素质教育。另外，爱奇艺知识与各大教育机构合作，推出了有关防疫知识的免费讲座，通过简单易懂的方法，让儿童提高防范意识。

爱奇艺知识希望发挥其在互联网、科技等方面的优势，联合教育行业的优秀合作伙伴，为全国各地的学生提供服务；同时，爱奇艺将继续提供更多的免费课程，确保课堂教学的品质，让学生能够放心地学习。爱奇艺知识还在 2019 年 12 月启动了"爱知计划"，用于激励和扶持百科方面的短视频创作者，并且在现金上的补贴、内容的指导、多种方式变现及官方荣誉等方面提供更多的资金支持。今后，爱奇艺知识将持续扩大自己的平台功能，为教育行业的发展提供全方位的支持，让技术为创意服务，让学习变得轻松愉快。

2021 年 6 月 1 日，爱奇艺社会责任与爱奇艺奇巴布共同发布了倡议书，这个倡议书面向儿童家长及儿童内容制作方，目的是倡导社会为未成年人提供一个健康且安全的互联网空间；同时，爱奇艺上线了《文化浸润童心 呵护成长之路》的公益宣传片。让少年儿童健康地使用互联网，让他们在享受便利的同时也能获得合法的网络权益，这是受社会关注的一个热点话题。而该倡导书的主要内容是，各个平台及内容的生产制作者应该向未成年人提供专门的、优质的、有助于未成年人健康成长的内容，融入社会主义核心价值观，从而呵护未成年人的健康成长。

与此同时，2021年6月1日，最新修订的《中华人民共和国未成年人保护法》正式实施，其中增加了"网络保护"的内容，清楚地提出，无论是国家、社会，还是学校、家庭，都应该加强未成年人在网络素养方面的宣传和教育，从而提升和增强他们文明、科学、合理、安全地运用互联网的能力和意识，保护他们在互联网方面的合法权益。由于未成年人思想上不健全，判断事物的能力有限，因此需要互联网平台、社会、家庭等多方合力，为未成年人营造一个良好的网络环境。2021年新修订的《中华人民共和国未成年人保护法》实施不久，爱奇艺就发布了一个联合倡议书，这充分体现出网络视听平台在积极承担社会责任，这也为未成年人的网络权益保护做了一个表率。

爱奇艺社会责任与北京市"扫黄打非"办公室联合推出了"护苗行动2021"专项宣传片。这个宣传片的主题为"传承红色基因 护助少儿成长"，目的是引导和教育中小学生培养爱党、爱国和爱社会主义的情感，使他们了解党史、热爱国家、热爱中国共产党，从宣传片中感受红色经典、吸收成长的力量。

爱奇艺积极地履行其他社会责任，开展了多种多样的公益项目，从而助力未成年人的健康成长。2019年起，爱奇艺社会责任推出的"光影助力成长计划"，通过捐助建设影视教室、捐赠爱奇艺会员卡、播放流动式电影、拍摄和展映微纪录片等方式，推动贫困地区教育的普及，这个项目惠及了大概50万名的学生；2020年起，爱奇艺社会责任先后向河北省兴隆县的5所幼儿园捐赠了3500多套图书和学习用品；2021年6月，"光影助力成长计划——2021山西平型关"项目启动，目的是让当地的儿童感受光影的魅力。

由此可见，爱奇艺在不断地向社会传播正向的价值观念，在不同的领域为社会创造各种价值，为社会公益事业贡献自己的力量，这充分表明了爱奇艺在积极履行社会责任，这既有利于社会的发展，也让人们意识到爱奇艺是一个有责任心的良心企业。

综上所述，企业社会责任的内涵十分丰富和广泛，所有可能影响社会福利的企业行为都应该纳入企业社会责任之内。一个重视并切实履行社会责任的企业，也是对自己长远发展负责任的企业。企业应把履行社会责任融入企业发展战略，落实到生产经营的各个环节，努力形成履行社会责任的企业价值观和企业文化。

第六章　消费者参与虚拟企业社会责任共创实践的启示

　　积极承担社会责任应该贯穿企业发展的全过程，作为社会的主体，无论是个人，还是企业、政府、社会公益组织，都必须承担起某种社会责任，这既是社会分工的必然要求，也是人类种族延续和社会治理的必然要求，可以说，从人们组成社会的那一天起，所有的人、所有的组织，都在有意识地或无意识地履行自己的职责。

　　在全球经济一体化的今天，企业的社会责任与企业的生产和运营密切相关。在新的企业治理模式下，社会责任已不是一个沉重的负担，它可以被灵活地运用，并成为提高企业竞争能力的一种有效途径。目前，已经有许多企业成功实践了虚拟企业社会责任共创活动。它们的现状表明，适当的虚拟企业社会责任共创活动可以为企业带来广告效应、提高其声誉、提升产品知名度、降低广告成本等好处，从而抵消甚至远远超越了企业承担社会责任的成本。企业积极承担社会责任的行为和达到利润最大化的目的并不冲突，现代企业制度能够保障企业为了满足股东的利益而进行的正常生产和管理，使其能够明智地进行社会活动。虚拟企业社会责任共创与传统的企业社会责任活动最大的不同之处在于，虚拟企业社会责任共创活动是一种全民参与的公益活动，这既节省了企业开展公益活动的成本，又宣传了企业社会责任，提高了自身的品牌形象。

第一节　企业层面

一、加强企业社会责任的传播管理

企业社会责任的传播管理在企业的社会责任战略中占有举足轻重的地位，而企业社会责任的传播管理水平直接关系到企业的声誉和形象。因此，在进行企业社会责任传播时，企业应注意以下几个方面的内容：

（一）扩大传播渠道

目前，企业社会责任的传播渠道还不够广泛、形式也不够丰富。我国学者的调查结果表明，消费者获得企业社会责任信息的渠道相对单一，必然会影响主要利益相关者对企业社会责任的认识和了解，从而使企业社会责任策略的目标难以实现。从传统媒体到个人计算机、手机终端，企业社会责任的传播方式应该更加多样。因此，在充分理解不同的传播方式的特征之后，企业应尽可能地扩大企业社会责任的传播渠道。

（二）恰当地选择传播渠道和内容

企业应当非常慎重地选择传播渠道，因为传播渠道会影响社会公众对企业社会责任的看法，从而对企业产生积极或消极的评价。本书认为，企业在传播社会责任相关的信息时，其外部环境会对消费者的忠诚度产生很大的影响，因此对于企业社会责任传播渠道的选择，企业既要考虑到覆盖范围、效率、成本等因素，又要衡量其权威与可信程度。除此之外，传播内容对传播效果也有一定的影响。从霍夫兰（Hovland）和贾尼斯（Janis）的劝说—沟通模式来看，传播内容是企业社会责任的重要组成部分，传播内容会影响消费者对企业的评价，比如"真诚"或是"伪善"，这会影响企业的社会形象，一旦做公益、传播社会责任的企业给人带来一种虚伪的感觉，这样的企业社会责任共创活动毫无疑问是失败的。在企业社会责任传播的内容选择上，企业不仅要考虑到行业和企业的现实状况、目标受众的反应，还要从战略的高度来考虑和确定企业的社会责任，否则就会适得其反。由此可见，企业社会责任的传播只有在正确选择传播渠道和内容的基础上，虚拟企业社会责任共创才能发挥其作用。

（三）关注并掌握新的动向

人类的社会在不断地发展，通信的方式也在不断地更新，企业要想增强传播效果、提升企业形象，就必须重视和掌握企业社会责任的传播新动向。首先，不同的信息渠道和媒体可以相互结合，比如企业可以在其官网上发布企业社会责任报告（电子商务报告等）、在微信上发布虚拟企业社会责任共创活动。其次，随着社会传媒与数码传媒的传播优势日益凸显，它们对未来企业社会责任营销策略的发展将会有很大的影响，这是机遇，也是挑战。企业要根据自己的具体情况，制定相应的企业社会责任营销战略，努力由传统媒体向数字媒体、社交媒体转型，增强企业社会责任活动的互动性和吸引力，从而进一步扩大企业社会责任活动的覆盖度，增强其影响力。总之，企业社会责任的传播对于企业而言是非常有意义的，而企业社会责任的传播方式也是不断发展的，企业应充分关注社会责任的传播，并善于运用适当的传播渠道和方法，以确保企业的社会责任策略能够达到甚至超过预设的目标。

二、坚持义利合一

从维护社会各方的和谐关系来看，社会责任具有法律与道德双重属性。作为市场主体的一部分，企业既要履行法律义务，又要承担社会责任，如积极参与公益慈善、向正面引导社会价值等。从企业的产生和发展来看，我国企业在履行社会责任方面有着自觉意识。在中国传统道德观中，义利观占据了重要位置，广大的企业家深深受到优秀的传统文化的熏陶，他们大多把正直的义利观作为践行社会责任的价值追求和心理基础，深深植入了企业发展的内涵之中。从企业和其他社会组织关系上来看，企业践行社会责任的方式有直接的和间接的。从企业存在和发展的角度来看，社会责任的实现直接关系到公众对企业的认可和接受程度，从而影响企业的生存和发展。可见，无论处于何种发展时期，企业都要根据自身实际情况来承担社会责任，赢得消费者和社会的尊重。从目前的社会文明水平和人们对企业社会责任的期待来看，企业社会责任的实现不应该只限于个体的行为，而是要把它纳入企业的各项经营活动中。这既有利于企业的良性发展，也有利于企业与社会各主体的和谐相处，共享社会发展的文明成果。

（一）义利合一是社会主义市场经济发展的价值追求

如果一个社会以利益为重，而忽视了伦理的制约，必然会使整个市场产生一种盲目追逐利润的不良竞争，从而造成社会秩序的混乱。我国坚持社会主义市场经济体制，这就要求我们既要从个人利益出发，又要从全局出发，对某些极端的自我意识进行批评。因此，"义利合一"理念，不仅是对社会主义市场经济的价值追求，更是对社会主义市场经济高质量运行的一种精神要求。

（二）义利合一是企业社会责任的价值取向

在经济全球化的背景下，商品经济得到了很快的发展，马克思把它的性质定义为："以物的依赖性为基础的人的独立性。"因此，作为市场经济的一部分，企业在运营过程中，必须遵循义利合一原则，赢得各利益相关方的信任，从而实现利益最大化。但是，近年来，一些企业为了实现利益最大化，出现了偷税漏税、弄虚作假、损害消费者权益等一系列失信的行为，这导致了市场秩序的混乱、消费者的利益受到侵犯和环境污染严重等不良的后果。

（三）得"利"而不忘"义"

在利用社会有利条件的情况下，企业更要树立"社会企业家"的价值观念，意识到企业的成功不仅来自企业自身的努力，还需要社会各界的大力支持。一方面，企业要积极向社会提供工作岗位和培训课程，积极投身于环保、医疗、教育等公益事业，提升企业内部员工的福利待遇；另一方面，企业应该积极响应国家政策，按照规定纳税，助力社会主义市场经济的健康发展。企业的这种"有义"的行为，可以激发员工的工作积极性，提高企业的劳动生产率，从而提升企业的形象，达到以义生利的目的。

（四）促进全社会的可持续发展

企业社会责任应该以促进全社会的可持续发展为目标。只有当企业真正地承担起环保的责任时，可持续发展才能不是一句空话。从另一个角度来看，企业社会责任的实施极大地增强了现代企业的竞争能力，无论是从宏观上还是从微观上来看，都是对企业综合竞争力的提升和推动。

三、注重消费者

（一）加强企业与消费者之间的互动

随着消费者在商业模式中的地位日益凸显，企业与消费者之间的交互行为逐渐增多，"互联网＋公益"模式下的应用逐步走入了消费者和研究者的视野。另外，随着企业社会责任的不断深入，越来越多的企业通过"虚拟企业社会责任共创"等方式来增强用户的黏性和好感，与传统的线下企业社会责任活动相比，虚拟企业社会责任共创活动具有覆盖范围广、参与程度高、参与时间长等优点。作为一种新型的企业社会责任的组织形式，虚拟企业社会责任共创活动人们日益重视并广泛参与，如何提高消费者的使用体验，是目前企业必须优先考虑的问题。企业要想有效地利用人力、物力、资金等各类资源，就必须时时关注消费者的反应，在活动开始阶段，企业应该注重消费者是否能被项目吸引；在活动进行过程中，要注意消费者在社区中的交流次数和质量，以及消费者有没有多次登录虚拟社区参与合作，分析影响消费者的留存和黏性的因素，并采取相应的措施来解决问题，关注消费者给平台提出的反馈、改进意见，积极处理，争取在最短时间内回复并做出改进；在活动结束后，企业要对系统中的用户授权进行专业的统计，既要总结虚拟企业社会责任活动值得肯定的优点，也要看到不足之处，吸取教训，为下一次组织开展虚拟企业社会责任活动提供借鉴。

有效地运用各种资源，并针对存在的问题及时完善企业社会责任策略，可以使企业在实施虚拟企业社会责任的过程中获得更大的效益。首先，企业可以借鉴合作价值领域的研究经验，从目标和意义、受众与定位、宣传方式与渠道、组织形式与开展平台、虚拟社区运营模式、社区规则的制定与反馈等方面进行探讨，邀请消费者积极参加虚拟企业社会责任共享活动。在方案设计时，各利益相关方可以积极地参与到项目的设计中；同时，融资机构和合作组织可以为项目的相关方提供技术和资源支持，并参与到虚拟企业的创新活动中。其次，企业可以使用适当的交互途径，并发挥其应有的作用，我们可以看出，不论是采用结构路径模式还是经验路径模式，企业都可以通过运营虚拟社区来激励消费者。企业可以提供一种结构化的交互方式，让消费者能够真正地注意到虚拟企业社会责任活动本身，快速获取相关的资讯，从而提升参与活动的效能。比如，"扶贫助疾"的虚拟企业社会责任合作项目，对于这类群体，企业要提供这类群体的真实、可靠、易于获得和检索的信息。另外，企业要建立更加标准化的审查机制。

企业不但要提供结构化交互，还要通过创建体验式交互提高消费者的参与度，而消费者的积极参与很可能使更多人参与进来。比如，有关环保的虚拟企业社会责任合作项目，其活动的设计重点是社区游戏的趣味性、社区经营的多样性、社区形象的拟人化、社区成员的模拟现实等。这种社会网络服务为消费者提供了极大的娱乐价值，让他们能够根据自己的兴趣，不断地开发出新的玩法，在游戏中发挥出更多的作用，同时可以进行社交和慈善，以更多的方式来满足不同的消费者。随着越来越多的消费者加入进来，企业不仅可以营利，还可以提升自己的品牌形象，因此通过虚拟社区进行互动的企业社会责任活动成为很多企业的首选。这种门槛较低、人人都能参加的网络公益活动也得到了越来越多的消费者的认可，参与的消费者也越来越多，不仅解决了以往公益活动渠道单一、捐赠方式单一等问题，也加强了企业与消费者之间的信任与联系，有利于与消费者达成长期合作的关系。

然而，在实际情况下，并非每一次企业社会责任活动都能获得积极的回应，这一问题也引起了一些学者的争论。为了提高企业社会责任活动的效果，使其达到甚至超越企业的期望，企业必须对消费者的参与状况进行全面的跟踪，并适时地调整企业的发展策略。除此之外，企业在虚拟企业社会责任创意活动的表现形式上，也要充分考虑不同消费者的不同喜好，并将其与简洁的文本、清晰的图片、短视频等结合。具体来说，企业应注重各种互动路径的独特特点，让消费者在参与活动后，通过简单的浏览，就可以得到自己需要的资讯，从而降低消费者在筛选资讯上所耗费的时间与精力；企业还应编制严格的活动参与规则，对消费者的行为进行实时监控和管理；最后，企业不能忽视网络社区的社会属性，在功能上要兼顾消费者的易操作性，比如界面易查找、互动方式有趣、互动信息易于查询、互动链接时效性等。由此可见，企业要把握消费者的核心需求，注重企业社会责任活动的互动方式，注重企业和消费者、消费者与消费者之间的互动，这样既能实现企业的社会责任，也能收获良好的口碑，是一个双赢的选择，也是增强消费者参与意愿的关键。

在企业社会责任的研究中，大多数的传统企业要跳出固有的思维模式，不能把消费者看作是经济利益的交易者，而应把消费者看作企业创造价值的一个重要资源，并采取合理、有效的战略，使消费者参与到企业的社会责任价值共创之中。通过这种方式，一方面可以缓解企业在社会责任方面的"压力"，降低宣传的成本，另一方面，可以让消费者成为社会责任的"主导者"，最大限度地利用"自我角色"，从而促进消费者在承担社会责任中角色的转变，特别是激发消费者的组织行为，从而提高消费者的忠诚度。此外，企业在活动设计时，要根据企业社会责任项目的特征，充分考虑合作项目与目标消费者的需求，以及能否为客户提供相应的心理收益。要注意的是，创意的设计不能太过简单，而是要让消费者"游刃有余"地投入财力、脑力和精力，让他们在创意中扮演自己的角色，从而得到一种满足感。

（二）设计协作型任务，营造社交氛围

在虚拟社区中，通过设计一个结构化的合作任务，可以有效地促进和谐社交氛围的形成，让消费者真正感受到自己在一个虚拟社区中的存在感。虽然网络社区中的社交行为受到多种因素的影响，但其自身对合作任务的需求也很清晰，这一目标对创建活动发起人和参与人的整体存在来说是必不可少的。这种明确的需求可以让消费者迅速准确地找到符合自己目标的活动和参与方式，最大限度地节省自己在参与活动中的时间和精力，尽量减少不必要的投入、无须浪费多余的资源。在强调清楚、明确的需求的基础上，消费者可以进行合理、高效的协作和良好的交互，从而在网络社区中真正地参与和创造实际的工作经验，强调了采用结构化的协同工作方式进行交互体验的重要性。因此，在虚拟社区进行线上活动，可以为消费者提供清楚的任务参与需求，并协助消费者之间进行有意义的交流。研究发现，消费者对协作任务的评价普遍是正面的。他们通过参与活动可以获得良好的社交技能，任务目标的一致性可以使成员之间产生高度的依赖性。

上述分析可以为企业实施虚拟企业社会责任活动提供参考。例如，企业设计活动时，可以加入消费者协同任务小组，设置邀请组队奖励及资源分享奖励等，对积极参与协调小组事务与促进协同小组发展的消费者颁发荣誉证书，或发放额外福利等激励手段模拟社区体验的真实性，从而激发消费者的自我行为；企业可以根据定期推送的消费者参与频率、互动次数、活动话题与互动对象，对此进行大数据分析以最大限度地掌握消费者偏好，明确改进方向，增强消费者黏性。协作小组就像是一个小型的社区，消费者可以根据特定的主题和目标进行更多的任务，而不需要花费太多的时间和精力去完成一个多任务的工作。因此，企业应重视交互路径的选择，并应注意其表现形式、消费者如何参与等问题，这样才能使消费者更快地体验到参与感，并将其表现形式与社会环境相结合。可见，完善协作工作小组的运营规则及鼓励消费

者积极参与的激励机制，可以为消费者创造一个尽可能真实的社会环境，这是构建虚拟企业社会责任价值共创的关键。

在企业社会责任项目中，消费者通过参加活动而获得快感，并通过社交强化，使其更好地融入活动中，从而形成积极的情感、认知和行为反应。在虚拟品牌社群中，消费者能够和企业进行沟通，企业应关注并鼓励消费者参与到价值创造中，增强他们对企业的信任并加强协作。在此基础上，企业要对虚拟品牌社群进行合理的管理，并适时地发布有关品牌产品的相关资讯、提供新的主题、把握消费者的兴趣。在虚拟品牌社群中，消费者可以结识新的朋友，推广品牌知识，拓展客户群。因此，商家要主动营造社交气氛，从内外两方面来调动消费者的积极性，使活动更加具有吸引力。娱乐活动越多，越有利于消费者参与，进而影响其对社会责任的认同感。在设计虚拟企业社会责任活动平台时，企业要采用多种手段，以增强游戏的娱乐性，如利用视频、音频、图片等多种形式来丰富游戏的表现效果。另外，需要逐步加强虚拟企业社会责任共创活动项目的社交性。比如，在项目的设计上，尽量添加让消费者和亲友、同事可以共同参与的选项，这样一来，在他们共同创造社会价值的过程中，能够加强彼此之间的沟通和互动，从而营造一个良好的社交氛围。如果企业为了吸引更多的消费者而设置过于简单的活动形式，那么在活动中不能过分强调消费者的行为，也不能引入太多的社交元素，以免给消费者带来较差的体验，影响活动效果。

（三）激发消费者的责任感和忠诚度

企业重视虚拟企业社会责任共创活动能够激发消费者的责任感和忠诚度。虚拟社区中消费者之间的社会交往经常依赖于社会商业的特性，所以其信任程度的传递成了企业面临的一个难题。针对这一点，企业可以增加其他的特性，如社区评分、社区可视化标签等来提升消费者对企业的信任程度。在虚拟社区中，消费者可以由自身表现来赢得别人的尊敬与认同，基于这一点，企业可以通过鼓励消费者展现更多自我的方式，来创造一个良好的环境，如让消费者在社区中分享自己参与活动的经验、活动的快速通关攻略、活动的拓展链接、活动大事纪要等，为消费者参与活动提供持续便利，吸引消费者留存。企业面临的另外一个挑战是在社会提升活动的存在感，而一个增加社会参与度的方法就是把各种社会要素结合起来，如把可以直接从个人信息中获取的社会信息综合起来。

企业必须慎重考虑整合信息存在的潜在隐私权问题。提升社交活动的实用性可以提高在虚拟社区平台进行交互的可信性，而这种可信性有助于相关者（平台和消费者）提供额外的信息（工具、产品和服务）。所以，企业在设计交互社区时，要更多地考虑消费者的责任感与忠诚度，即增加消费者的黏性。例如，企业可以为消费者设定社区等级与荣誉称号，促使消费者提高上线频率、延长参与时间、积极发言和互动、及时反馈自己的参与感受及为社区活动提供改善建议等，引发他们自动对虚拟社区活动产生责任感和建立忠诚度。一方面，参与网络社区的虚拟活动，虽然不能进行面对面的交流，但却可以通过与他人的互动交流，产生一种在参与社会活动、与社会相融合的感觉；另一方面，消费者参与虚拟社区中的活动会留下可查询的信息数据痕迹，与他人的沟通与互动也会留下痕迹，这会让社区成员感受到自己的存在，并对自己所在的社区产生归属感。不过，实现这些的前提是消费者的私人信息能够受到保护，因此提升网络平台的运营水平，建立合适的网络互动规则，加强消费者的个人隐私保护，是提升消费者参与意愿的关键。

企业社会责任共创活动设计人员应使消费者了解其在线上公益活动中所起的作用，而参与则是达成共同目标的关键。企业应注重满足消费者的中高层次需要，如自尊、自我实现，以保证在虚拟企业社会责任共创活动中，积极参与的消费者可以获得活动发起人的即时回馈。企业也应认真设计和完善线上的企业社会责任活动，让其符合消费者的自我认知，这样既可以在某种程度上推动消费者参与到虚拟企业社会责任的活动中，也能获得消费者的长期关注。虚拟企业社会责任共创活动的发起人，应当为消费者提供充分的组织支持，为其提供必要的工具和设备，并尽力创造一个充满感恩与积极向上的组织氛围。比如，企业建立虚拟企业社会责任共创平台时，要尽可能丰富地展示活动内容，并注重其操作性，这样不仅可以提高消费者的兴趣，也可以增强消费者对企业的认同。

（四）基于消费者的思考模式

企业的社会责任意识越强，消费者的态度就会越积极，即便消费者觉得企业的社会责任行为主要是为了追逐利益，但如果比同行业的其他企业付出了更多的努力，那么消费者在态度和行为上就更愿意给予该企业支持，并且乐于购买该企业的产品和服务。另外，企业社会责任与消费者反应的关系不仅受企业社会责任水平的影响，而且受消费者认知的影响，当消费者面临不同的消费环境和商品的不确定性时，认知也不同。在消费者感知到高风险的情况下，他们会根据自己的喜好，去寻找更多企业相关或产品相关的信息，从而形成更好的消费习惯。因此，将企业社会责任的发展与企业的战略计划结合起来，可以提高企业的经营业绩，其中最常见的一种表现就是消费者的购买意愿与行为，一旦消费者对企业开展的社会责任活动表示认同，他们就会对该企业持积极的态度，更乐于购买该企业的商品。因此，企业社会责任活动对企业的发展起到了积极的促进作用，只要企业能够坚持履行社会责任，就有可能在业内脱颖而出。此外，在制定企业社会责任发展战略时，必须认识到本行业的整体社会责任，有针对性地与消费者进行交流，减少不确定因素，建立起良好的社会形象。

当企业基于消费者的思考模式对活动内容进行选择时，会受到多种因素的影响，可归纳为以下三个因素：环境刺激因素、任务选择因素和消费者个体因素。在虚拟企业社会责任共创活动中，如果活动的设计倾向于简单易懂，活动的内容倾向于趣味性和娱乐性，消费者之间更有可能建立起良好的社交关系，消费者与社区内其他成员的社会交往越密切，娱乐经验越丰富，那么他们获得信息和资源就会越容易，所需的认知活动也越少。因此，在企业实施虚拟企业社会责任共创活动的过程中，可以充分考虑以上三个因素，并有针对性地进行设计，企业可以根据消费者的不同特点和需求，开发有针对性的主题活动。企业设计以结构功能为主的内容有助于激发消费者的理性思考，而以娱乐性和趣味性功能为主的内容则有利于激发消费者的体验式思考。

四、坚持创新

创新是企业在履行社会责任方面的一种进步。企业承担社会责任的行为逐渐由自发变为自觉，由被动的、单一的捐赠形式转变为主动的、创新的虚拟平台共创活动，这既与企业自身的发展能力有关，也与企业社会责任观念的不断深入有关。吕鹏教授指出，在早期，有许多企业出于道义进行传统的慈善活动，在那时，如果活动不能与企业的核心能力相结合，就会导致企业与受助者的双重损失，这是一个很常见的状况。企业社会创新（corporate social innovation，CSI），是指企业通过投入时间、人力、财力等手段，把社会创新与企业的行为结合起来，创造出一种新的东西，如新产品、新服务、市场营销模式和社会介入模式等，以达到品牌价值的提升、竞争力的增强，从而更有力地解决某些社会问题，这样一来，既能保障经济的正常运转，又能回馈社会，达到利义共存的目的。从企业社会责任到企业社会创新，其中蕴含着不同的思想，消费者、雇员、合作伙伴、供应商和地方政府都会对企业产生不同的期待，他们希望能够在"解决社会问题"上取得积极的结果，并且这种结果也应当能够被评估，具有公开性和透明性。

企业社会创新把企业的品牌、公益活动和社会、政治等多种因素结合起来，使企业社会责任成为一种积极的发展策略，通过产品与服务的创新，将品牌、公关、广告、营销等变成共同创造社会价值的生产要素，推动社会问题的解决。在此基础上，企业往往倾向于积极开发与其竞争优势相关的社会创新项目，使项目能够实现价值共享和项目的自给自足，从而实现项目的高效性、可持续性和计划性。自从哈佛大学的波特（Porter）教授把企业社会责任理论引入他的价值链分析框架后，学术界及企业界对企业社会责任的理解变得更加清晰。例如，社会对"企业社会价值""价值投资""社会投资回报率"等因素的关注，将进一步推动公益金融市场的形成，为社会各界提供了新的机会。在社会领域，如果买方市场的激励力度不够，那么很多社会问题就只能依靠可持续的投资来解决，社会价值投资强调"可测量"的"社会价值"，以获得可持续"回报"。"社会投资回报率"的概念与相关工具的出现，有助于解决"钱从何而来"的问题，也有利于企业注重成果导向，注重效率与透明度。

当前社会面临的挑战多种多样，仅靠政府和社会组织的社会管理，已无法适应社会的实际需求，创新参与社会问题的解决方式，既是企业利益驱动，又是技术开发溢出效应的表现，也是企业积极承担社会责任和创新的积极行为。之前人们谈到"社会问题"的时候，大多数人只当是街头巷尾的小事，而他们不知道的是，社会问题的方方面面都与自身息息相关，如实现可持续发展目标必不可少的消除贫困、结束饥饿、改善福利、完善基础设施、海洋环境保护、气候问题等。作为社会的主体，企业很难置身事外，很多社会问题涉及环境治理等，这甚至是影响企业成功与否的重要因素。ESG（environment、social responsibility、corporate governance）风险是一种新兴的风险，它与企业的社会责任不同，但是它与企业的社会责任息息相关。以往，很多私营企业只把财务风险视为最大的风险，而忽略了非财务风险。当今社会，环境问题、社会风险问题和商业腐败问题越来越受到社会各界的重视，这种风险有时候会比资金链的断裂更加隐秘。近几年，我国企业或开展或资助了一系列公益项目，以防范此类非金融风险，这些项目也获得了较大发展，并形成一大批具有一定影响力的品牌工程，它们不但在话题和品牌的塑造上独树一帜，更是充分发挥了企业的优势，开创了一种全新的经营方式。这表明了中国企业也能运用科技、资金等资源来应对社会问题，并充分发挥其在社会管理中的积极作用，这些公益项目对世界各地都有很大的参考价值。

从企业社会创新的实践来看，其特征主要表现在以下几点：一是企业社会责任意识的增强，具有一定影响力的企业将履行"社会责任"提升到战略高度；二是把企业的社会责任作为一种价值取向嵌入企业的发展战略中；三是由"社会问题"的"旁观者"逐步转变为"亲身实践者"；四是部分高科技企业通过运用人工智能技术，创造性地为许多社会难题提供了技术解决办法。

那么，社会企业是不是发展的必然趋势呢？从目前我国企业的社会责任状况来看，绝大多数企业在履行社会责任方面存在不同的特点，特别是使用大数据、移动互联网、物联网等新技术的企业，从性质上它们是不是属于社会企业呢？有学者认为，社会企业是一种以解决社会问题为使命的营利组织，它能够发现政府与市场的双重失效所带来的变化机遇，与传统的公益慈善机构相比，它拥有一种创新的解决问题的方式，以及能够确保在追求商业目的时，不会影响企业履行社会责任。

总之，社会企业是一个以与商业相适应的方式来处理社会问题的机构，社会企业的本质是以企业家的方式来解决社会问题，而非以商业方式来解决社会问题。社会导向的组织使命、控制双重失灵的能力、创新的社会问题解决方式、稳扎稳打的社会使命，是衡量中国社会企业的四大准则。也就是说，只有符合上述四个条件的企业，才能成为社会企业。如果一个企业的任务不是解决社会问题，它所关注的社会问题不属于政府和市场两方面的问题；如果一个机构处理社会问题的方法没有财政上的可持续性，或者与传统的公益慈善活动没有显著的区别；如果一个机构没有明确的行动或机制，以确保其追求业务目的不会影响到社会任务，那么，这自然并不是一个社会企业。如今，我国涌现出大量的社会企业和企业家，他们身上的创业精神也在不断地被发扬，社会企业在经历了数年的探索后，逐步形成具有可持续发展和规模化经营的社会问题解决方案；同时，我们在这些企业中可以发现一些信息，如制度设计、策略选择、组织文化和行为取向等，这些信息可以帮助企业避免在社会任务上出现偏差。这些企业，似乎并不是真正的社会企业，而是随着社会文明和技术的发展，更积极地承担起社会责任。当然，随着社会的进步，肯定有更多的社会企业擅长发现和解决这些问题。

企业社会创新要与时俱进，企业社会创新是一种探索与发展并存的社会责任模式，其关键是要从哪些社会问题着手进行创新探索，这就需要企业善于发现具有时代特点的社会问题。目前，中国特色社会主义事业已步入新时期，社会主要矛盾已经转化为人民日益增长的美好生活需要和不平衡、不充分的发展之间的矛盾，我国经济已经从高速增长向高质量发展转变，处于转型、结构优化、增长动力转换的关键时期，经济体制的现代化建设成为我国发展的重要目标，这是新时期企业主动承担社会责任的重要内容源泉和起点。虽然以经济效益为主要目标的企业与社会企业不同，它无法以解决社会问题为主要目的，但是企业应充分发挥自身的行业特点、经济实力等优势，将企业的健康发展与社会问题的解决结合起来，从而建立起良好的社会声誉和形象，赢得社会的认可和尊重。因此，新时期的企业社会责任既是以经营管理为基础的经济活动，也是对利益相关者的一种自觉的贡献，应当从统筹"五位一体"的整体布局、协调推动"四个全面"战略布局、实现现代化经济体系、实现经济高质量发展等方面出发，系统建构企业社会责任的内涵和实践要求。在政治上，要以共产党为核心；在发展经济上，要坚持创新、协调、绿色、开放、共享五大发展思想，坚持质量第一和效益优先，以供给侧结构性改革为主线，推动质量变革、动力变革和效率变革，提高全要素生产力，积极服务于国家发展战略，实现企业高质量发展；在社会建设上，要做到义利并重、以义为本、遵纪守法、扶危济贫、和谐参与社会管理、维持社会的整体安定；在社会主体的文化建构上，要自觉履行社会主义核心价值观，积极宣传中国好事；在生态文明建设上，要坚持社会主义的生态理念，对高污染、高排放、高耗能的企业进行严厉治理，打好污染治理攻坚战，促进形成人与自然和谐发展的现代化建设新格局。

第二节　政府层面

从我国企业的历史沿革来看，人民群众对其社会责任的接受程度与我国的经济制度发展密切相关。在计划经济时期，企业没有自主权，对政府的依赖性很强，因此企业要承担创办学校、医院的职责，企业营利和自身增值保值的目标甚至都无法实现。但是，在如今全球化的进程中，出现了一味追求国内生产总值增长速度的现象，忽略了自身应当履行的社会责任，要知道对社会责任的忽略是无法带来长期的经济利益的，如果放任其发展，势必会造成产品质量下降、环境恶化、贫富差距过大、贪污腐败等一系列问题。

我国政府与企业应以更为实际、严肃的态度面对社会责任。由于社会发展阶段的差异，发展中国家和发达国家采用了不同的并行标准，我国社会责任发展的实际情况，也折射出我国特有的市场经济与制度发展的特征。政府立法与强制执行仍然是我国对市场进行调控的主要手段。由于我国对社会责任的了解程度普遍不深，且市场机制尚不成熟，因此企业社会责任的发展不可能完全取决于企业自身的意愿。关于企业社会责任在我国的发展，一个被普遍接受的观点是，要促进企业社会责任的发展，必须要有标准的法律法规和良好的法律环境。但是，在企业社会责任的履行中，由于资源和认知的差异，需要我国政府进行自我调整，重新规划自己在社会责任中的角色。除了法律手段，我国政府应该重视政策引导和奖励等方式，让企业成为自己的合作伙伴，共同致力于社会责任的发展。

在市场中，许多国有企业的垄断地位与政府在市场中的角色有着密切的关系。随着我国加入世界贸易组织，某些大型国企在政府政策的要求下，其垄断利润已经成为政府的主要财政来源，但是消费者对它们的垄断价格产生了强烈的不满。目前，现行法律更注重对国有资产进行保值增值，但缺乏对社会责任的规范，在如此失衡的情况下，利润和社会责任不可能同时取得进步。此外，社会责任的发展需要国家与地方政府的合作。虽然中央政府对国家发展战略进行了重新定位，加快了工业、环保等方面的改革，促进了社会和谐，但是在地方层面上，如何将这些政策有效地落实起来，仍然是一个亟待解决的问题。

非政府组织、社交媒体和社会群众是促进企业社会责任发展的重要力量，这种观点在全球范围内被普遍认可。然而，我国现有的法律、政治体制对非政府组织和信息的传递都有一定的制约，许多组织都是由国家直接或间接控制的。所以我国以"自下而上"的方式推进企业社会责任的发展空间有限，政府与企业，尤其是与大型国有企业之间的紧密联系及传媒对此报道的缺乏，使得企业并未承担充分的社会责任，这样的环境不但不利于企业社会责任的发展，也损害了市场经济的公平竞争。国内的一些学者已经注意到了这个问题，正如复旦大学董保华教授曾提出，虽然我国企业社会责任的履行情况还没有实现由劳动者、消费者、非政府机构来监督，因此我国企业必须主动承担一定的社会责任，才有可能获得更多的机会。

现阶段，我国对社会责任的探讨还仅限于企业界，不过，社会责任的发展必然会牵涉政府的管理模式，从法律的角度来看，社会责任问题的研究主要围绕其立法的依据、强制性、企业制度和国家治理方式等方面。企业社会责任是我国社会主义市场经济体制改革中一个重要的组成部分，也是一个长期存在的重大问题，除了与其他发展中国家及新兴市场存在的共同问题，政府的强大领导、国企的垄断、健全的制度体系、应对发达国家和国内公民权利的发展等因素，使得我国企业社会责任的发展对经济、政治制度的变革产生了深刻的影响。

改革开放以后，随着社会主义市场经济的逐步确立，上述状况虽然有所改善，但也使企业社会责任更加复杂化。对于消费者、投资者、企业员工、债权人和政府而言，履行义务的目的更加明确了，但企业在追逐利益的过程中，出现了一些社会问题，如拖欠债务、侵吞投资者资产、侵害员工的福利、销售假冒伪劣的商品和偷税漏税等。而对于社会而言，履行社会责任的意识比较薄弱，表现在做慈善、保护自然环境、安排人员就业等方面。因此，在推动中小企业履行社会责任方面，政府应当起到带头作用。

一、强化企业的自我约束

加强企业的自我约束，就是指企业从社会责任角度出发，对自身的经营活动进行约束、规范和控制。企业的自我约束主要包括：首先是提高企业的道德规范，企业要自行制定更好的环保措施，加强产品的质量检测和安全性；其次是实施企业道德的内在制度化，即在企业内部建立起一套对员工行为进行规范的管理体系，引入正确的道德评判标准，由此形成一种道德行为准则。中小企业的社会责任要在短期内获得显著的效果，与政府的积极政策和改革措施密切相关。中小企业的社会责任得以落实，必须依靠有关部门采取的具体政策，如宣传、培训、教育及合作和奖励政策等，政府通过采取一系列切实、有效的措施，从内部激发了中小企业履行社会责任的动力，并在外部营造了一个有助于其践行社会责任的氛围。为此，在推进中小企业社会责任方面，应由政府牵头，组织高等院校、科研院所对中小企业进行系统的调研，加大对中小企业的教育和培训；政府可以利用传媒手段，加大宣传力度，使企业社会责任理念深入人心，这样一来，认真履行社会责任的优秀企业能够及时得到社会的肯定。另外，企业可以颁布一些奖励政策，鼓励中小企业积极践行社会责任，尤其应该颁布促进大中小企业共同发展的企业合作政策，完善中小企业与大型企业的合作机制，以更快地促进中小企业履行社会责任。

二、加强对企业社会责任的监督

我国现行的企业社会责任监督制度是建立在法律监督和社会监督的基础上的。政府应该构建完整的企业社会责任监督体系，加强对失信行为的惩罚，从而促进企业在社会和经济领域的行为得到更好的保障，促进对企业社会责任的监督。

三、完善企业社会责任标准的制定

完善企业社会责任标准的制定是规范企业社会责任的关键。美国政府通过不同的利益团体来推动企业的社会责任及对其绩效进行监测，这对于美国企业的社会责任起到了一定的规范作用。我们可以借鉴美国健全的企业社会责任评价与公开制度，以推动企业社会责任得到履行。一个具有良好行为准则的现代企业，必然会努力满足各利益相关方的需求，进而改善整个社会的福祉。不过，对于我国而言，由于资金和资源的限制，为中小企业制定的社会责任准则。远远难以达到大型企业所能达到的国际通行标准，而且以大型企业为主体的国际通行标准也会让一些中小企业丧失履行社会责任的信心。目前，国内有关法律并未对"如何实现企业的社会责任"进行明确规定，也没有具体的规则。由于我国目前尚无明确的社会责任评估标准，一些中小企业虽然积极履行了社会责任，但因没有明确的规范，导致政府、投资者、消费者等利益相关方难以衡量其履行的程度，所以我们可以借鉴其他国家的做法，制定一个适合我国国情的统一评价标准。

第七章 结论与展望

本章内容为结论与展望，分别从主要结论、理论贡献、实践贡献、局限性和展望四个方面进行了阐述，希望能够给更多的研究人员带来帮助。

第一节 主要结论

相比已有的关于虚拟企业社会责任共创的研究，本书的研究内容主要体现在以下三个方面：

一、揭示了消费者参与虚拟企业社会责任的作用机制

有学者指出，深入参与体验企业社会责任活动将使消费者更加了解企业社会责任活动及理念，更有利于达到对企业价值观的认同，指出了消费者深度参与活动的重要性。樊帅等人从心理所有权视角阐述了消费者通过心理所有权来影响企业社会责任的认同，但是并没有解释在中介变量影响下的整个过程的作用机制。本书采用扎根理论研究方法对访谈资料进行了分析，探讨了消费者参与虚拟企业社会责任共创活动意愿的作用机制和过程。不同的互动路径对消费者认同有不同的影响，而体验路径在虚拟企业社会责任共同创造中对消费者认同有更大的影响。与强调结构性特征的社区活动相比，旨在加强社会联系和促进消费者愉悦感的活动对消费者具有更高水平的激励，即消费者通过参与信息分享、体验过程、人际交流、自我展示，获得务实形象、专业形象、领袖形象和公益形象等利益。

需要强调的是，这些形象的"利益获取"过程，作为消费者参与价值创造的中介变量，是通过"自我意象"的实现来完成的。这个"自我意象"可以理解为消费者在整个活动参与过程中的存在感，并由此进行消费者的自我肯定和自我提升，消费者只有通过"自我意象"的满足，才能完成"消费者参与""利益获取"，从而获得"功能价值、身份价值和社会价值"。王琳认为，人们之所以努力生活和工作，除了想要得到各种有形资源（包括物质），还想得到无形的精神层面的东西。功能价值、身份价值和社会价值有助于增强消费者的专业能力，有助于消费者主动地参与活动策划过程，有助于消费者获得社群归属感和品牌认同感。独立的自我概念的消费者在虚拟企业社会责任共同创造活动中易受体验路径的影响，表现出更高水平的认同；而相互依赖的自我构念的消费者则对结构路径表现出更高水平的认同。本书以个人的行为动机为切入点，通过实证分析，发现在社会强化程度较高的情况下，消费者对自身参与企业社会责任共创中形成的社会角色认同的可能性更大，而在社会强化程度较低的情况下，消费者的参与意愿则略显不足，认同程度也相对较低。

二、价值创造过程可以通过参与活动来直接获得

本书创新性地提出，消费者价值创造过程除了通过中介因素得以完成，也可以通过消费者在参与活动过程中得到的心理需求的直接满足来获得。企业社会责任感知在消费者的互动路径和自我构念之间起到中介作用，消费者在了解到虚拟企业社会责任共同创造的信息后，对其评价越高，企业社会责任的感知水平越高，消费者表现其身份的意愿也越强。企业融入互联网技术，在开展企业社会责任活动时采取"共创"的方式，以"善事"的名号邀请消费者参加，这种方式既有趣，又有意义，不会让消费者经常处于"旁观者"的状态，从而使其完全融入企业社会责任创造活动，对企业的态度也会向好的方向不断转变。所以，企业社会责任的战略设计者必须使消费者感觉到他

们在实现企业共同价值的过程中所起的作用，进而增强自身创造价值的意愿。

从价值创造模式的角度来看，基于外部资源配置，平台模式是终端消费者、供应商和平台企业之间一种基于社群逻辑的价值创造过程。这种价值创造过程基于平台活动，消费者在参与平台活动的过程中，从平台提供的各种形式的精美的链接、推送等，获得了感官上的刺激和满足，并直接产生了娱乐价值和情感价值。只有这样，消费者的价值创造过程才会从消费者参与活动之初，直到活动结束，贯穿始终。这样的价值创造才是完整的、有意义的，是最能打动消费者的。但是，由于娱乐价值和情感价值往往保持的时间比较短，其在消费者的记忆中很容易消退，消费者需要多次、重复参加活动才能强化其意愿。

基于主要利益相关者的立场，本书对企业的经营业绩、品牌认同、企业竞争力等问题进行了深入的探讨，消费者必须在一定的时间和空间中被挖掘出来，在不同的市场环境下，消费者的行为和行为方式也会发生变化，所以在未来的发展中，我们可以从不同的文化背景和信仰背景下，对企业的社会责任进行更深入的分析。

三、组织支持对消费者的参与具有积极的调节作用

组织支持对消费者的参与具有积极的调节作用，但是消费者并不会对其自身的行为进行调整。一个合理的解释是，组织的支持显示了企业想要和消费者一起创造的意愿，这将促使消费者对虚拟企业社会责任的合作产生更大的期望，消费者也会更愿意以这种方式来获取新的经验；同时，组织提供的分享、互动等平台可以增加消费者与周围的亲人、朋友等的社会互动，从而使其行为受到规范压力的影响，而消费者感知到的组织支持并不能影响消费者根据自己设定的内在行为标准对自己行为进行调整。在此基础上，我们结合社会规范、社会交换等相关理论，以及虚拟企业社会责任的相关研究，将消费者参与虚拟企业社会责任共创的动机分为享乐利益、社会规范、自我强

化等六个维度，并以组织支持为中介变量，研究其对消费者参与虚拟企业社会责任共创的影响。一方面，娱乐效益对消费者参与虚拟企业社会责任创造活动具有积极的影响，大多数企业所发起的网络社会责任活动都是由消费者自发参与的，没有任何物质奖励机制，但是活动可以成为消费者的一种消遣和娱乐，所以消费者的享乐动机会直接影响他们参与的意愿。在由消费者参与的线上活动中，消费者的享乐动机对消费者的参与行为产生了积极的影响，并促使其形成一种自我认同。另一方面，在虚拟企业社会责任共创中，消费者的参与行为受到了社会规范的限制。企业通过开展网络公益活动，起到了正面的示范作用，不仅吸引了消费者的参与，实现了消费者的自我价值，发展了消费者与他人之间的和谐关系，也就是基于个人的社会需求所产生的价值期待。

第二节　理论贡献

本书丰富了虚拟企业社会责任共创相关理论的研究。目前，虚拟企业社会责任共创理论的研究尚处于初级阶段。刘小平等人提出，现有研究对虚拟企业社会责任共创和消费者互动之间的心理机制探讨不够深入，多见于行为和过程的研究，缺乏从心理层面对消费者参与意愿的研究；樊帅等人也提到消费者从虚拟企业社会责任共创项目中得到心理需要的满足，包括胜任感、自主感、关联感。本书用扎根理论方法得到了消费者参与虚拟企业社会责任共创的作用机制，从心理需求的基础上，进一步阐述了消费者从"利益获取"到"价值创造"的过程，从而强化了消费者参与活动的意愿，通过对国内外有关文献的分析发现，目前的研究多集中在消费者价值理论、社会认同理论和虚拟社区感知理论等方面，而较少从消费者社会心理状态视角、自我认知经验视角出发，对虚拟企业社会责任共创环境下的消费者进行参与意愿的实证研究；同时，在虚拟社区中，消费者可以由互动来建立社交关系，从而产生对虚拟企业社会责任的信赖和忠诚度。本书将扎根理论引入虚拟企业社会责任的共同创造环境中，对不同的企业社会责任互动路径、社会存在感、个体的态度和个性等方面的影响进行了探讨，从而对虚拟企业社会责任环境下的消费者参与行为进行了理论上的补充。因此，本书丰富了相关领域的研究成果。除此之外，当前有关企业社会责任的研究大多认为，企业社会责任可以给企业带来良好的信誉，获得利益相关方的认同，并能促进消费者的购买意愿。但是，在实际情况下，并非每一次企业社会责任活动都能获得积极的回应，这一问题也引起了一些学者的争论。然而，目前国内关于企业社会责任的研究大多停留在离线的层面，很少涉及已经在实际工作中开展的、正在进行的在线企业社会责任活动。本书以线上企业社会责任活动为研究对象，在此基础上探讨了企业社会责任的影响，并从理论层面上对企业社会责任的作用进行了探讨。

另外，本书丰富了互动路径与消费者认同的理论关系。在消费者认同方面，本书验证了企业社会责任感知在消费者身份的互动路径和自我构念之间的中介作用。企业应注意提高虚拟企业社会责任共同创造活动的信息透明度和与消费者的相关性，从而提高活动的有效性。消费者对虚拟企业社会责任共创活动的感知，可以提高消费者的认同水平，促进消费者的购买行为。

"自我意象"的引入使"利益获取"更加明确。传统的企业社会责任理论把企业看作是社会责任的唯一承担者和创造价值的主体，而忽略了消费者等利益相关者的参与，利益相关者在企业社会责任的执行和社会价值的创造中起着举足轻重的作用。在消费者参与的过程中，他们的角色越来越重要，虚拟社会责任共享的理念为企业的可持续社会责任提供了一种新的思考。现有研究很少从消费者的角度考察消费者自身所获得的利益。本书引入"自我意象"的概念，并创新性地把它作为从消费者利益参与到价值创造的中介因素，更进一步表明，只有当消费者"务实形象、专业形象、领袖形象和公益形象"的塑造与其自我意象相一致时，消费者的"利益获取"才更加明确，价值创造过程才更容易被实现；而当活动所塑造的形象与其自我意象不一致时，消费者很难从中感觉到利益的存在，很容易产生冷漠的态度和观望的行为，后续的"价值创造"过程也就无从谈起了。因此，"自我意象"的引入和分析，有助于消费者及时感受到自身参与活动而获得的好处，从而有助于"利益获取"和"价值创造"的顺利实现。

企业社会责任的内涵在信息化的背景下，从传统的企业社会责任模式逐渐走向了新的网络模式。社会媒介为企业社会责任的发展开辟了一片崭新的天地，使各利益相关者可以共同参与。在方便、公开、透明的环境下，企业如何开展虚拟企业社会责任活动，以更好地实现企业的目标，是一个迫切需要研究和实践的问题。就此，本书得出以下的管理建议：首先，企业应将消费者看作共同的价值创造者，并将其纳入企业的社会责任策略，这样既可以消除消费者对企业社会责任动机的真实性的疑虑，也可以让消费者根据自己的经验主动改变态度和行为；其次，企业在建立虚拟社会责任平台时，要尽可能地设计多种形式，如视频、语音、图片等，避免使用内容过于密集的文字等；最后，由于社会媒体以"社交"为重点，因此企业应当让其内容尽可能丰富，分享的功能易于操作，这样不仅可以满足消费者的个性化需要，还可以增加消费者传播企业社会责任活动的可能性。

第三节　实践贡献

本书为实施虚拟企业社会责任的企业及平台提供了可供参考的资料，通过真实的访谈，获取了生动的一手资料，企业在实施虚拟企业社会责任活动时，可以从消费者的"形象树立"的需求出发，在活动设计之初，就要考虑不同消费者所需要的"自我意象"，分别对应各种形象，以满足其心理需求；同时，通过形式多样、构思巧妙的活动内容，协助消费者完成价值创造的过程，不断吸引消费者参与其中，甚至参与决策，从而使消费者从中吸收到知识，并找到归属感和认同感，真正做到提高消费者的忠诚度。在这个过程中，企业可以参考本书所提出的"消费者参与虚拟企业社会责任共创的作用机制"过程，保证消费者能够在每个环节保持参与的热情，并能够从中获得各种心理满足感，以及本身知识层面的提升。这正是本书研究的价值所在，以期能够在实践中对相关企业和平台提供参考价值。另外，在互联网技术不断发展的今天，公共利益已经越来越多地融入人们的日常生活中。企业发起的"互联网＋公益"是最广泛的、门槛最低的、成本最低的社会公益活动。许多企业组织的虚拟企业社会责任活动形式多样，存在大量的消费者难以识别的问题，而对于消费者如何选择和长期参与，则是需要深入探讨的问题。本书对企业实施社会责任共创的交互途径的作用机理进行了实证分析，为消费者在面对各种形式的企业社会责任行为时，提供价值判断的指引，以有效地减少消费者的日常开支，大幅提升消费者的满意度，并进一步增强消费者的参与意识。

本书旨在为企业活动策划人员在制定企业社会责任策略及社会价值创造方面提供一些建议。首先，通过对虚拟企业社会责任共创过程中不同交互路径的有效性进行了分析，提出了企业可以将其运用于虚拟企业社会责任项目的设计，从而提高消费者的持续参与和创新的积极性。其次，通过运用社会存在理论和自我认知体验理论，对消费者的心理特征进行了分析，指出企业在进行虚拟企业社会责任活动时，应该充分考虑消费者的心理需求，并对其进行适当的组合，从而促使其不断地参与到虚拟企业社会责任中，从而使企业社会责任活动成为提高企业公共形象和品牌知名度的一个重要手段。

本书旨在为企业强化消费者参与意愿提供引导。消费者对企业社会责任活动的认知对提升企业形象和绩效具有重要作用，本书根据扎根理论和前人的研究成果，探讨了虚拟企业社会责任共创对消费者身份认同的影响，企业可以借助互联网大数据准确判断企业消费者群体的主要特征，从而科学设计企业社会责任活动。本书相关内容可以使公众和相关企业了解发动消费者参与的重要性，以及如何完成虚拟企业社会责任的整个过程，从而获取强化消费者参与意愿的方法，这对企业实施虚拟企业社会责任有一定的指导意义，有助于帮助企业对消费者进行有效的分析，根据消费者的不同需求来设计和策划活动方案，以便更多地吸引各种类型的消费者积极参与，并及时对消费者在参与过程中的意见进行反馈，力求使消费者在参与过程中，既满足了娱乐需求，又能实现社交、归属和自我实现等方面的目标；同时，企业社会责任活动可以为我国的公益事业做出一定的贡献，可以提高虚拟企业社会责任活动的水平，营造全民参与公益的热情，打造"企业倡导、全民参与、合作共赢"的局面。根据目前我国企业社会责任管理的发展状况，本书提出了一些策略上的建议，以供相关企业参考。

第一，企业在设计虚拟企业社会责任共创活动中，应当重视其在消费者参与的过程中所扮演的角色。娱乐活动越多，消费者的参与程度越高，更容易影响到他们的社会责任认同，因此为了提高活动的趣味性，企业在设计虚拟企业社会责任活动平台时应采用多样的方法。

第二，社会规范在一定程度上会影响消费者参与"虚拟企业社会责任共创"的积极性。虚拟企业社会责任共创必须逐渐强化企业社会责任，增加企业的社会性，比如在企业的活动设计中，可以让员工的亲友、同事等参与进来，在共同创造的同时，也能促进企业内部的交流，营造出一个良好的社会氛围。

第三，虚拟企业社会责任共创活动的策划者应该让消费者了解在网上的公共服务中所扮演的角色，而消费者的参与对于实现一个共同的目标至关重要。为了确保在虚拟企业社会责任活动中，主动参与的消费者能够得到活动组织者的及时反馈，企业应不断更新和完善活动的设置，使其更符合消费者的自我认识，如发放活动奖章、丰富活动成果等，这能在一定程度上促进消费者的参与，也能吸引消费者的注意力。

第四，企业在进行虚拟企业社会责任共创活动的过程中，应向消费者提供充分的组织支持，为其提供所需的工具和装备，并努力营造一种积极的气氛。例如，在企业构建虚拟企业社会责任共创平台时，要尽可能地丰富其所展示的内容，要尽可能地易于操作，这样既能提高消费者的兴趣，又能提高企业的认同感。

第四节　局限性和展望

一、局限性

本书以虚拟企业社会责任共创为主题，对消费者参与虚拟企业社会责任共创作用机制进行了深入的分析，得出了几个有价值的结论，但受自身能力、时间、研究环境等主观、客观因素的制约，本书仍存在以下缺陷：

第一，由于资源和条件所限，本书选取了35名访谈对象，样本量偏少，得出的结论也有待于进一步检验，而这将会对研究结果产生影响。另外，本研究以高学历青年为主，调查对象以高学历、年轻化为主，而青年消费者对企业社会责任的总体看法大体上是正面的，他们对新鲜事物的好奇心和接受能力很强，对活动的参与和运用能力也强，目前青年群体已经成为参加虚拟企业社会责任共创合作的主要力量，但是这些群体的文化水平和其他购买者的文化水平还存在差距，给本书的研究带来了一定的局限。研究消费者参与虚拟企业社会责任的代际差异，对企业开展社会责任行为的影响有很重要的意义。因此，本书在样本来源与容量方面存在一定的不足。

第二，本书主要通过一对一访谈来获取一手数据，在资料的搜集、整理和编码过程中，有可能存在信息遗漏或损坏的现象，从而可能导致编码结果存在一定误差，在今后的研究中，可以考虑通过检验提高研究的准确性。

第三，本书由于篇幅所限，对功能价值、身份价值、社会价值所产生的社群归属感和品牌认同感的过程没有进一步探究，其对强化消费者参与意愿的作用还有待于进一步阐述，在虚拟企业社会责任共创中，对不同类型的消费者影响也不同，本书根据扎根理论，只进行了与消费者有关的几个方面的研究，我们还需要从更多的角度来看待虚拟企业社会责任共创，例如，对消费者的个人经验、信任度、意愿等进行更加深入的探讨，并对社区的社会氛围、社区适应度等多维度进行探讨；同时，对消费者参与而产生的直接心理需求——娱乐价值和情感价值的心理过程缺乏深入的阐述。

虚拟企业社会责任共创会受到多种因素的影响，可以从消费者、社会责任共创、虚拟创造环境三个层次来选择调整变量；也有一些研究显示，自我建构、心理调节等因素对共同创造具有一定的调控作用。另外，可以从消费者本身特性的角度探讨影响消费者参与意愿的因素，还可以从社区环境、创意活动的类型等方面进行探讨。

二、展望

虚拟企业社会责任共创是一种新型的企业履行社会责任的形式，在某种程度上解决了企业进行社会活动而不被人所了解的问题，也为消费者提供了一个与企业共同参与社会公益的平台，有助于企业与消费者建立长期的信任。未来，企业社会责任共创的发展将继续呈现出旺盛的生机，企业形态也将会随之改变。因此，在虚拟企业社会责任共创方面，还有很多有待探索的问题。

针对以上问题，今后的研究可以从以下几个方面入手：一是采用典型案例，针对消费者参与虚拟企业社会责任共创的内在动机做专门研究，以期更精准地找到刺激消费者参与的条件和原因；二是尝试采用定量研究方法，进一步关注影响虚拟企业社会责任共创的消费者心理变量，以及这些变量之间的关系。

（一）在研究内容方面

从整体上来看，目前关于虚拟企业社会责任共享的研究还缺少整合和对比。焦娟妮等人将消费者与企业的社会价值共创分为交易式、合作式、游戏式三种，刘小平、邓文香将虚拟企业社会责任共创分为结构路径型和经验路径型，前者侧重于虚拟社区的结构功能特性，后者侧重于消费者的情绪体验，并认为与结构路径相比，经验路径对于消费者身份的影响要大得多。从上述结论可以发现，不同类型的企业社会责任共创在内容、特征、影响效果等方面都有明显的差别。在虚拟企业社会责任共创的兴起下，可以将其归类于不同的环境中，明确不同类型的创新对于探索其影响的差异具有十分重要的作用。本研究验证企业社会责任感知在消费者身份认同的互动路径和自我构念之间的中介作用，未来的研究可以进一步探索自我构念和互动路径对消费者身份认同的其他内在机制，从而更好地理解企业社会责任感知在消费者身份认同中的作用，完善虚拟企业社会责任共建的理论体系。某些情况下，虚拟企业社会责任共创活动可能会与传统的企业社会责任活动相互补充，但也可能存在个别消费者会收到基于来源（虚拟企业社会责任对话与非虚拟对话）的不一致甚至冲突的信息。因此，未来的研究可以考虑传统的和虚拟的企业社会责任活动和消费者之间的互动。

（二）在研究视角方面

从多个视角进行分析，可以更好地理解企业社会责任共创的作用机理。企业社会责任信息的传达方式有很多种，如是特定的还是抽象的；虚拟企业社会责任的交互作用可以通过多种方式表现出来，如信息共享、责任行为和人际关系等。另外，目前对虚拟企业社会责任共创活动的研究多为消费者参与意愿、企业社会责任活动感知、企业社会责任创造价值、消费者的企业社会责任认同、消费者持续参与意愿等，但很少有人关注虚拟企业社会责任共创活动对消费者的影响、虚拟企业社会责任活动的风险感知和价值感知，因此后续的研究可以针对特定的环境进行深入探讨。

从消费者角度来看，在积极心理学中，快乐被界定为一种满足与自满，消费者的价值创造行为能给人带来快乐，而社会支持对人的幸福感有显著的影响。在虚拟企业社会责任合作过程中，即时、有效的交互可以为消费者提供情感支持，而社会化媒体则为消费者提供技术支持、资源支持，以及信息、建议等工具支持，所以从社会支持这一视角来研究虚拟企业社会责任共创对消费者主观的幸福感的影响，将成为值得深入研究的课题。

虚拟企业社会责任共同创造可以为事业创造价值，该观点的理论含义是共同创造，即通常被视为消费者企业合作创造价值的过程，实际上能够为不直接参与的第三方创造价值。这是共同创造中的一个重大发展，并为未来的研究开辟了道路。例如，学者可以研究企业和事业之间共享价值的程度。那么，消费者对企业或事业有益的行为是否会导致另一方获取的价值量相应减少，或者是否存在潜在的协同效应，从而使企业和事业的价值都能增加？还有哪些其他因素可能会影响消费者支持企业而不是事业？

在营销领域，企业社会责任的研究多集中在先导性因素和结果变量两个方面。从先导因素的宏观层面来看，科技因素对于企业社会责任的影响还需要进一步探讨，随着大数据、物联网等技术的不断发展，对于技术、信息传播、受众群体等具有特殊性的互联网行业，其社会责任概念、内涵、活动形式、制度规范等都有待创新；从微观层面来看，消费者的个人特征对于企业社会责任的影响比较零散，而且行业属性不明显，未来可以结合消费者个人特征及具体的行业进行更为深入的探索。在结果变量方面，对于企业经营业绩的影响已有较深的研究，而对非经营业绩的影响研究则较少，因此在今后的研究中，可以将更多的精力放在对企业商业模式创新、技术创新和品牌形象的影响上。

（三）在研究对象方面

从目前的发展来看，采用虚拟企业社会责任共创的项目是多种多样的。比如，以社会援助和帮助重症患者为目标的项目、以公益为目标的环保项目等。在虚拟企业社会责任活动中，企业可以选择采用线上虚拟社区的方式，也可以采用单独的、独立的媒体网站或是手机应用程序等。在"互联网＋公益"的不断发展下，"网络社会责任"在形式和内涵上的丰富性都得到了很大的提升，并在一定程度上呈现出一种新的生命力，而且研究的对象也越来越多样化。接下来的研究可以通过选取具体的企业社会责任活动进行比较，来考察不同类型的企业社会责任活动对消费者参与意愿的影响，并进一步细化具体的企业社会责任活动类型。

消费者参与的虚拟企业社会责任共创活动并非是静止的，而是一个动态的过程，同时线上和线下消费者的参与行为也存在一定的差别，但是根据以往的研究，我们只对线下环境中的消费者参与行为进行了相应的探讨，这是不充分的，因此在以后的研究中，我们可以丰富研究对象，采用线上、线下双抽样的方式进行研究。

（四）在研究方法方面

在研究方法方面，目前的研究者多采取情景模拟和问卷调查的方式，而情景模拟并未将受试者纳入真正的企业社会责任共创活动中，只使用了简单的问卷调查，以测试其是否愿意继续参加虚拟企业社会责任的合作。针对这一问题，我们需要明确当前的研究手段，除情景模拟外，还可以利用眼动装置进行的眼动实验和利用脑电图进行的脑电学实验。眼动实验是通过观察消费者的眼睛在画面上停留的时间和注意力集中在画面的某个部位来检测消费者的反应。在未来的虚拟企业社会责任共创研究中，我们可以将眼动实验和脑电实验应用其中，对实验数据进行分析。随着科技的进步，我们在研究某一特定的课题时，可以用爬行器等技术，从平台上获取与研究内容相关的公开的数据，通过科学的方式，将研究所需要的数据进行有效的整理，然后利用适当的分析方法，对所得的数据进行分类、整理和处理，最后对其进行分析，得出更加客观的结果。另外，消费者可以利用方便、有效的大数据技术进行追踪，在不同的时段内搜集纵向数据，并通过纵向数据对比分析同一时段消费者的反应、消费者数据，以此来拓展研究的多维空间，增加研究的深度，确保研究结果的客观性。

通过对国内外相关文献的整理发现，目前我国关于企业社会责任的研究主要集中在实证方面，而非实证方面的研究则相对较少，特别是在市场营销方面，由于信息瞬息万变，所涉及的对象更为复杂，因此在未来的研究中，可以选择一些具有代表性的案例和多个案例相结合的方法，运用个案分析法，结合特定的产业、企业特点进行分析，更具有实践指导作用。消费者对公益活动的参与主要是出于个人的满足感和社会威望。而在虚拟企业社会责任环境下，消费者的参与动机主要是利用方便、有效的社会媒介途径来实现社会可持续发展。从实质上讲，无论是传统企业社会责任活动还是虚拟企业社会责任活动，消费者都希望通过对公益活动的支持来实现自身的价值，但是虚拟企业社会责任活动在参与方式、活动内容等方面都与传统企业社会责任活动有明显的不同。多元的研究方式为今后的研究提供了更多的选择。在适当的条件下，采用不同的调查方式进行不同的调查，有助于保证调查的严谨性和可靠性。随着网络技术的迅速发展，网络环境下的企业社会责任共创活动已经成为各大企业实现社会责任的主要途径，随着大数据、数据挖掘、机器学习和人工智能等领域的快速发展和 5G 技术的普及，数据的存储和传播都变得更加高效。另外，随着新技术的不断完善，人们的互联互通也会加快；随着网络的普及，人们的需求会越来越大，会有越来越多的人加入虚拟社区；同时，随着新技术的发展，虚拟企业社会责任共创活动也会随之发生变化。

除此之外，虚拟企业社会责任共创案例中也多次提到了消费者的企业社会责任预期问题，消费者的企业社会责任预期会通过预期确认流程来影响后续消费者对企业的态度与行为。目前已有的研究发现，企业在运用社交媒体进行企业社会责任活动时，未能及时回应消费者期望，引发消费者不满等问题，虽然企业努力创造条件让消费者参与企业社会责任共创是一种与其建立良好关系的有效方式，但是需要加强共创过程中的互动以减少消费者的不满，未来研究可以考虑利用对企业有利的因素来缓解消费者的不满情绪，积极回应他们的意见，以达到消费者的预期。

参考文献

[1] Morsing M，Schultz M．Corporate social responsibility communication：Stake holder information，response and involvement strategies[J].Business Ethics，2006，15（4）：323–338.

[2] Korschun D，Du S．How virtual corporate social responsibility dialogs generate value：Aframework and propositions[J].Journal of Business Research，2013，66（9）：1494–1504.

[3] 付强，刘益.基于技术创新的企业社会责任对绩效影响研究 [J].科学学研究，2013，31（3）：463–468.

[4] 樊帅，杜鹏，田志龙，等."互联网＋公益"背景下虚拟共创行为的影响研究 [J].宏观经济研究，2017（7）：166–183.

[5] 刘小平，邓文香.虚拟 CSR 共创、消费者互动与共创绩效——基于扎根理论的单案例研究 [J].管理案例研究与评论，2019，12（5）：509–520.

[6] Jurietti E，Mandelli A，Fudurić M．How do virtual corporate social responsibility dialogs generate value?A case study of the Unilever Sustainable Living Lab[J].Corporate Social Responsibility and Environmental Management，2017，24（5）：357–367.

[7] Qing-Hua Li,Bo Li．Dual-Channel Supply Chain Equilibrium Problems Regarding Retail Services and Fairness Concerns[J].Applied Mathematical Modelling，2016，40（15–16）：7349–7367.

[8] Yi Y，Gong T，Lee H．The impac to fothercustomers on customer citizenship behavior[J].Psychology&Marketing，2013，30（4）：341–356.

[9] 樊帅，田志龙，张丽君.虚拟企业社会责任共创心理需要对消费者态度的影响研究 [J]. 管理学报，2019，16（6）：883–895；948.

[10] Roderick J.Brodie，Ana Ilic，Biljana Juric，Linda Hollebeek.Consumer engagement in a virtual brand community：An exploratory analysis[J].Journal of Business Research，2013，66(1).

[11] 申光龙，彭晓东，秦鹏飞.虚拟品牌社区顾客间互动对顾客参与价值共创的影响研究——以体验价值为中介变量 [J]. 管理学报，2016，13（12）：1808–1816.

[12] 靳代平，王新新，姚鹏.品牌粉丝因何而狂热？——基于内部人视角的扎根研究 [J]. 管理世界，2016（9）：102–119.

[13] 陈向明.社会科学中的定性研究方法 [J]. 中国社会科学，1996（6）：93–102.

[14] 陈茫，张庆普，郑作龙.面向高校科研的微信知识服务影响因素与作用路径探析——基于扎根理论的探索性研究 [J]. 情报学报，2017，36（1）：49–60.

[15] Strauss A，Corbin J.Grounded theory inpractice[M].London：Sage Pubns，1997.

[16] 高锡荣，杨建，张嗣成.互联网平台型企业商业模式构建——基于扎根理论的探索性研究 [J]. 重庆工商大学学报（社会科学版），2020，37（4）34–48.

[17] 谢加封，王倩，汪浩.青年消费者全球化品牌认同的驱动因素与效应机理 [J]. 当代青年研究，2016（5）：92–99.

[18] Emma N.Banister,Margaret K.Hogg. Negative symbolic consumption and consumers' drive for self-esteem：The case of the fashion industry[J]. European Journal of Marketing，2004，38（7）：850–868.

[19] 樊帅，田志龙，胡小青.心理所有权视角下消费者参与虚拟 CSR 共创的

影响研究 [J]. 管理学报，2017，14（3）：414-424.

[20] 王琳 . 国家自我意象视角下的对外政策研究——以十八大以来的中国为例 [J]. 聊城大学学报（社会科学版），2017（5）：92-99.

[21] 王生金，徐明 . 平台企业商业模式的本质及特殊性 [J]. 中国流通经济，2014，28（8）：106-111.